Florenz auf einen Blick

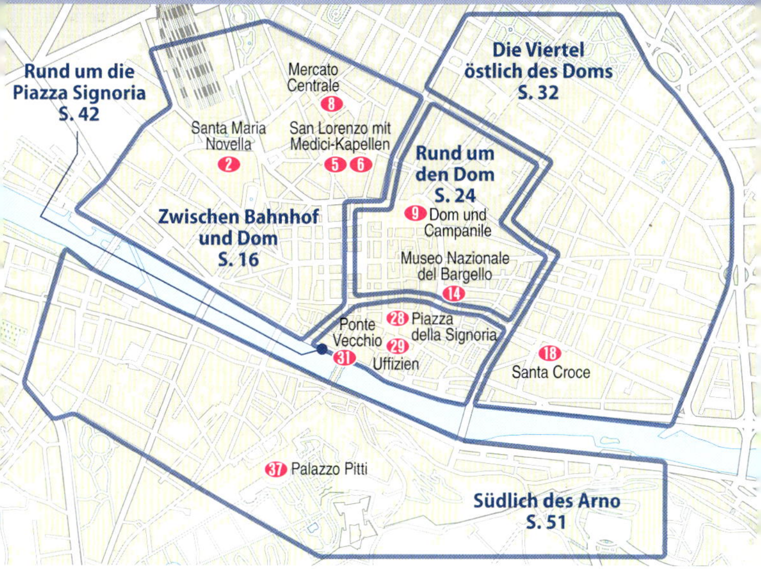

W0310997

Inhalt

7 Florenz entdecken

8 Willkommen in Florenz
10 Kurztrip nach Florenz
12 Das gibt es nur in Florenz
13 Stadtspaziergänge

16 Zwischen Bahnhof und Dom

16 ❶ Bahnhof Santa Maria Novella (SMN) ★ [L7]
16 ❷ Santa Maria Novella ★★★ [L7]
18 ❸ Museo Novecento ★★ [L8]
19 ❹ Museo Marino Marini ★ [M8]
19 ❺ San Lorenzo ★★★ [N7]
21 ❻ Medici-Kapellen (Museo delle Cappelle Medicee) ★★ [M7]
22 ❼ Palazzo Medici-Riccardi mit Cappella dei Magi ★ [N7]
23 ❽ Mercato Centrale ★★★ [M7]

Der Ponte Vecchio ㉛ ist die älteste Brücke von Florenz (058fl Abb.: fo©Perseomedusa)

24 **Rund um den Dom**
24 ❾ Dom Santa Maria del Fiore ★★★ [N8]
27 ❿ Taufkirche San Giovanni (Battistero di San Giovanni) ★★★ [N8]
28 ⓫ Dommuseum (Museo dell'Opera del Duomo) ★★ [N8]
29 ⓬ Casa di Dante ★ [N8]
29 ⓭ Kastanienturm (Torre della Castagna) ★ [N8]
29 ⓮ Museo Nazionale del Bargello ★★★ [N8]
31 ⓯ Badia Fiorentina ★ [N8]
31 ⓰ Orsanmichele ★ [N8]

32 **Die Viertel östlich des Doms**
32 ⓱ Museo Horne ★ [O9]
33 ⓲ Santa Croce ★★★ [O9]
35 ⓳ Casa Michelangelo Buonarroti ★ [P8]
36 ⓴ Mercato di Sant'Ambrogio ★ [P8]
36 ㉑ Synagoge und Jüdisches Museum (Sinagoga e Museo Ebraico) ★ [P8]
37 ㉒ Archäologisches Museum (Museo Archeologico Nazionale) ★★ [O7]
38 ㉓ Piazza und Kirche Santissima Annunziata ★★ [O7]
39 ㉔ Galleria dell'Accademia ★★★ [O7]
40 ㉕ San Marco ★ [O6]
41 ㉖ Botanischer Garten (Orto Botanico) ★ [O6]
42 ㉗ Englischer Friedhof (Cimitero degli Inglesi) ★ [Q7]

42 **Rund um die Piazza Signoria**
42 ㉘ Piazza della Signoria mit Palazzo Vecchio ★★★ [N9]
43 Skulpturen vor dem Palazzo Vecchio
45 ㉙ Uffizien (Galleria degli Uffizi) ★★★ [N9]
48 ㉚ Galileo-Museum (Museo Galileo) ★★ [N9]
48 Der Vasari-Korridor
48 ㉛ Ponte Vecchio ★★★ [M9]
49 ㉜ Santa Trinita ★ [M8]
49 ㉝ Ponte Santa Trinita ★ [M9]
50 ㉞ Giardino Torrigiani ★★ [K10]

51 **Südlich des Arno**
51 ㉟ Santa Maria del Carmine mit Cappella Brancacci ★★★ [K9]
51 ㊱ Santo Spirito ★★ [L9]
52 ㊲ Palazzo Pitti mit Boboli-Garten ★★★ [M10]
56 ㊳ Belvedere-Festung (Forte de Belvedere) ★ [N10]
56 ㊴ Museo Bardini ★ [N10]
57 ㊵ Bardini-Garten (Giardino Bardini) ★ [N10]
58 ㊶ Piazzale Michelangelo ★★ [P10]
58 ㊷ San Miniato al Monte ★★ [P11]

59 Florenz erleben

60 Florenz für Kunst- und Museumsfreunde
62 Renaissance
65 Weltliteratur
70 Florenz für Genießer
72 Brot
82 Florenz am Abend
84 Florenz für Shoppingfans
87 Mode als Kulturträger
91 Florenz zum Träumen und Entspannen
92 Zur richtigen Zeit am richtigen Ort
94 Feiertage

95 Florenz verstehen

96 Florenz – ein Porträt
97 Von den Anfängen bis zur Gegenwart
99 Alle Macht dem Volke!
100 Die geheimen Töchter
101 Scheiterhaufen der Eitelkeiten
105 Leben in der Stadt
106 Wachtmeister Guarnaccia

107 Praktische Reisetipps

108 Anreise
109 Autofahren
111 Barrierefreies Reisen
111 Diplomatische Vertretungen
111 Elektrizität
112 Geldfragen
112 Florenz preiswert
112 Informationsquellen
113 Unsere Literaturtipps
114 Internet
114 LGBT+
115 Medizinische Versorgung
115 Mit Kindern unterwegs
116 Notfälle
117 Öffnungszeiten
117 Post
118 Radfahren
118 Sicherheit
118 Sprache
118 Stadttouren
119 Telefonieren
119 Uhrzeit
119 Unterkunft
123 Verhaltenstipps
123 Verkehrsmittel
124 Wetter und Reisezeit

125 Anhang

126 Kleine Sprachhilfe Italienisch
133 Register
138 Die Autoren
138 Impressum
138 Schreiben Sie uns
139 Liste der Karteneinträge
142 Zeichenerklärung
143 Florenz mit PC, Smartphone & Co.

Zeichenerklärung

★★★ nicht verpassen
★★ besonders sehenswert
★ wichtig für speziell interessierte Besucher

[A1] Planquadrat im Kartenmaterial. Orte ohne diese Angabe liegen außerhalb unserer Karten. Ihre Lage kann aber wie die von allen Ortsmarken mithilfe der begleitenden Web-App angezeigt werden (s. S. 143).

Vorwahlen

- **Italien:** 0039
- **Florenz:** 055. Die Ziffer „0" **muss immer mitgewählt werden.** Die Vorwahl aus dem Ausland nach Florenz lautet also: 0039 055.
- Deutschland 0049
- Österreich 0043
- Schweiz 0041

Florenz ist eine der meistbesuchten Städte Europas, was nicht nur dem Stadtsäckel gut tut, sondern auch verpflichtet. Die historische Innenstadt von Florenz wurde 1982 unter UNESCO-Weltkulturerbe gestellt. Dieses Erbe gilt es zu erhalten und es geht auch darum, den Gästen immer wieder neue Attraktionen zu bieten. Ebenso umtriebig wie die Macher der Museumsszene und die Verwalter der Kunstschätze sind auch die Florentiner Betreiber von Restaurants, Bars und Unterkünften.

Neue Säle in den Uffizien

Auch wenn man die Uffizien schon kennt, lohnt es sich jetzt besonders, wieder einmal vorbeizuschauen: Seit Juli 2018 ist der neue Leonardo-Saal geöffnet – da Vincis drei Werke „Taufe Christi", „Verkündigung" und „Anbetung der Könige" hängen hier frisch restauriert in den Vitrinen. Und einen Monat zuvor erhielten auch die Gemälde von Raffael und Michelangelo einen neuen Saal (s. S. 45).

Bar mit Aussicht

Die Il Bar del Forte ist tagsüber Cafeteria und mausert sich abends zum perfekten Platz für einen Aperitif. Der Blick auf die Stadt vom Forte Belvedere jenseits des Arno aus ist atemraubend (s. S. 83).

Eine Heimat für Plunder

Ganz nah dem Zentrum wird 2019 der Floh- und Antiquitätenmarkt Mercato delle Pulci eine neue und ständige Heimat finden. Für regensicheres Stöbern wird den Schnäppchenjägern ein Dach über dem Kopf geboten (s. S. 85).

079fl Abb.: sk

Daniela Schetar, Friedrich Köthe

CITY|TRIP

FLORENZ

Nicht verpassen!

Karte S. 3

2 Santa Maria Novella [L7]
Ein mächtiges Gotteshaus, das den Übergang zur Renaissance dokumentiert. Kirchenschiff und Museum sind voller Kunstwerke (s. S. 16).

5 6 San Lorenzo [N7] mit Medici-Kapellen [M7]
Der beeindruckende Renaissance-Komplex ist aufs Engste mit den Medici verbunden. Viele von ihnen wurden hier beerdigt (s. S. 19 u. 21).

8 Mercato Centrale [M7]
Das Angebot dieses Hallenmarkts umfasst alles, was man sich an Delikatessen nur vorstellen kann (s. S. 23).

9 Dom und Campanile [N8]
Der Dom ist das Herz der Stadt und ein Wunderwerk der Renaissancebaukunst, mit dem sich große Meister verewigt haben (s. S. 24).

14 Museo Nazionale del Bargello [N8]
Die Skulpturensammlung im Nationalmuseum mit Werken von Meistern wie Michelangelo und Donatello ist eine der schönsten der Welt (s. S. 29).

18 Santa Croce [O9]
In Kirche und Museum sind Werke von Giotto, Donatello und Michelozzo ausgestellt. Außerdem sind die Gräber berühmter Italiener zu sehen (s. S. 33).

28 Piazza della Signoria [N9]
Das weltliche Herz der Stadt schmücken berühmte Skulpturen wie David oder Judith mit Holofernes und der Neptunbrunnen (s. S. 42).

29 Uffizien [N9]
Allein wegen dieses Museums reisen viele Menschen nach Florenz. Ganze Tage kann man sich in der Galerie mit unzähligen Meisterwerken der Renaissance verlieren (s. S. 45).

31 Ponte Vecchio [M9]
Die älteste Brücke der Stadt ist wie früher üblich mit Häusern bebaut. Hier gibt es Schmuck aus Gold und Silber zu kaufen (s. S. 48).

37 Palazzo Pitti [M10]
Im Palast der Medici residieren mehrere Museen, das wichtigste jedoch ist die Galleria Palatina mit ihren Meisterwerken aus Renaissance und Barock (s. S. 52).

Leichte Orientierung mit dem cleveren Nummernsystem

Die Sehenswürdigkeiten sind im Text und im Kartenmaterial mit derselben **magentafarbenen ovalen Nummer** 1 markiert. Alle anderen Lokalitäten wie Geschäfte, Restaurants usw. tragen ein **Symbol und eine fortlaufende rote Nummer** (1). Die Liste aller Orte befindet sich auf Seite 139, die Zeichenerklärung auf Seite 142.

FLORENZ ENTDECKEN

Willkommen in Florenz

Die legendenumwobene Stadt der Medici zwischen den sanften grünen Hügeln der Toskana ist über Jahrhunderte in sich stimmig gewachsen und zieht seit vielen, vielen Jahren Reisende aus aller Welt an. Sie schätzen den Kunstreichtum, die perfekten Architekturensembles, die bestens sortierten Boutiquen, die ausgezeichneten Restaurants, das breit gefächerte Kulturleben im Großen und mit Straßenkünstlern und -musikanten im Kleinen – oder auch einfach nur das Bummeln in engen Gassen und das Flanieren auf den weiten Plätzen. Ob man den Trubel sucht oder in der Vergangenheit versinken möchte, Florenz ist es, hat es und wird jeden auf immer in seine Arme schließen.

Wo sonst kann man bei einem Bummel durch die Stadt so massiert italienisches Stadtleben genießen – durch Gassen schlendern, auf den Stufen der Palazzi ruhen, von einer Caféterrasse das Treiben verfolgen, in verschwiegenen Ecken eines Giardino mit Freundin oder Freund das Leben beleuchten, an Auslagen der Geschäfte vorbei Alta Moda auf Glamour und Preise prüfen, kleine Details an steinalten Fassaden entdecken.

Die **vier wichtigsten Plätze der Altstadt** am nördlichen Arnoufer sind fast immer von dichten Menschentrauben bevölkert, Piazza del Duomo [N8], Piazza della Signoria 28, Piazza Santa Croce [O9] und der Innenhof der Galleria degli Uffizi 29. Hier vereinen sich Touristen mit Einheimischen – Porträtmaler, Schatten-

Vorseite: Der Neptunbrunnen auf der Piazza della Signoria 28

Ausblick auf das Stadtpanorama vom Piazzale Michelangelo 41 aus

061fl Abb.: sk

rissschneider, Maler von Sonnenuntergängen, Betreiber kleiner Stände mit Lebenspraktischem wie Sonnenbrillen und Feuerzeugen und lebende Statuen in prächtigen Renaissancegewändern, ausdruckslosen Gesichtes und automatenhafter Gesten. Auch auf dem Ponte Vecchio 31 wird nie Einsamkeit aufkommen. In den Gassen **zwischen diesen Glanzpunkten brodelt das Leben**, schaffen sich Kaleschen auf Stadtrundfahrt mühsam Platz, eilen die Menschen, stehen Fotografierende wie Felsen in der Brandung, glucken Gruppen um ihre Führer, die Erkennungszeichen in die Luft recken.

Etwas ruhiger ist es außerhalb dieses Triangels des Auftriebes: Westlich von ihm geht es über die Piazza della Repubblica [M/N8] mit ihren Straßencafés hinaus in friedlichere Gassen mit teuren Modegeschäften, nach Norden zum **Mercato Centrale** 8 mit Restaurants, Markthalle und Ständen und zur **Piazza della Santissima Annunziata** 23 hin, auf deren Stufen sich die Florentiner Jugend trifft. Nach Osten an der Piazza Ghiberti [P8] gelangt man zum **Mercato Sant'Ambrogio** 20 mit mehreren empfehlenswerten Restaurants. Stiller ist es beim **Orto Botanico** 26 im Norden. Die Häuser und deren Fassaden sind schlichter, Florenz zeigt sich auf Menschenmaß gestutzt.

In **Oltrarno** – über den Ponte Vecchio 31 und weiter durch die schmale Straße nach Süden – gelangt man zum Palazzo Pitti 37, wieder ein Fokus des Sehenswerten und des Trubels. Doch wer durch ihn hindurch in den **Giardino di Boboli** gelangt, wird von friedvoller Ruhe umfangen, denn die meisten Besucher scheuen die steilen Pfade und Treppenwerke der Parkanlage. Gleich westlich des Palazzo Pitti ist die **Piazza Santo Spirito** 36 endgültig **Treffpunkt der Einheimischen.** Wer weiter Richtung Westen am Arnoufer entlangschlendert, ist bald für sich. Hier findet man kleine Plätze, günstige Bars und Trattorien.

Kurztrip nach Florenz

Wer hat schon eine Göttin als Namenspatronin? Florentina, im Olymp der Römer für die Blumen zuständig, lieh auf Betreiben Julius Cäsars ihren Namen der Kolonie an den farbbetupften Ufern des Arno. Lang ist die Geschichte der Stadt und illuster waren ihre Gäste im Laufe der Jahrhunderte. Die wirklich großen Künstler Italiens haben der Toskanametropole ihre Stempel aufgedrückt. Es ist also nicht einfach, sich auf wenige Tage zu beschränken. Man halte es deshalb wie die Medici: Nur das Schönste!

1000 auf 1000 m erstreckt sich die Altstadt mit ihren engen Gassen und weiten Plätzen als Geviert am nördlichen Arnoufer. Über die schönste Brücke von Florenz – den Ponte Vecchio 31 – gelangt man ans südliche Ufer mit Gärten und weiteren Museen. Gutes Schuhwerk ist angesagt, denn kein Besucher darf sein Auto in der verkehrsberuhigten Zone benutzen. Doch die Sehenswürdigkeiten sind derart massiert und überwältigen den Betrachter, dass sie zur stillen Bewunderung zwingen und so für Erholung zwischendurch sorgen.

1. Tag

Vormittags

Mit einem leichten Frühstück vom Hotelbuffet oder, den Einheimischen gleich, einem schnellen Espresso mit Brioche ist man gewappnet. Am **Dom** 9 sollte man recht früh auftauchen, bevor Reisegruppen die Schlange immer länger machen. Wer rüstig ist, besteigt den Campanile. Vorausplanend bucht man auch gleich die Besteigung der Kuppel für den nächsten Tag. (Ohne Reservierung hat man nämlich keine Chance.)

Nach dem Besuch des **Battistero** 10, der Taufkirche, steht noch vor der Mittagspause das **Museo dell'Opera del Duomo** 11 an.

Nachmittags

Nach einer Stärkung (vielleicht auf die Schnelle ein *Taglio di Pizza* von der Pizzeria del Duomo, s. S. 79, aus der Hand gegessen) steht der Besuch der **Galleria dell'Accademia** 24 an – schließlich will man Michelangelos David im Original gesehen haben.

Archäologieinteressierte mögen anschließend das nahe **Museo Archeologico** 22 besuchen, mit Kindern könnte man in das ehemalige Waisenhaus und heutige **Museo degli Innocenti** (s. S. 63) gehen. Wer aber von Ausstellungen genug hat und Grünes sehen will, sollte den kurzen Abstecher zum **Orto Botanico** 26 unternehmen.

Für alle aber ist abschließend (vorbei am Mercato Centrale) der Weg zur Kirche **Santa Maria Novella** 2 beim Bahnhof Pflichtprogramm. Den Abend kann man dann in der ersten Etage des **Mercato Centrale** 8 ausklingen lassen.

EXTRATIPP

Ruhe vor dem Sturm!

Es stimmt, dass Florenz oftmals geplagt ist vom Ansturm der Kunstbegeisterten. Will man die Menschenmassen meiden, muss man **früh aufstehen.** In der Frische eines frühen Sommermorgens ist der Blick auf die Renaissancewelt noch nicht verstellt, nur mit dem einen oder anderen zur Arbeit Eilenden teilt man den Bürgersteig. Die Fassaden leuchten im Ocker der ersten Sonnenstrahlen und die schräge Sonne arbeitet kleinste Details heraus.

2. Tag

Vormittags

Das mit dem Frühstück kennt man ja nun schon. Erste Station ist dann die **Basilica San Lorenzo** 5 mit den **Cappelle Medicee** 6, bevor es zum **Dom** 9 geht. Jetzt ist die Gelegenheit, seine Buchung wahrzunehmen und auf die Kuppel zu steigen. Nächste Station ist die zentrale **Piazza della Signoria** 28 mit dem Museum des Palazzo Vecchio.

Nachmittags

Im nahen **All'Antico Vinaio** (s. S. 80) isst man ein *Panino* aus der Hand (die Schlangen für den Brötchenkauf können aber lang sein) und leistet sich vielleicht dazu ein Gläschen Wein. Denn nun folgt der absolute Höhepunkt der Reise – die **Uffizien** 29. 99 Säle verteilen sich auf zwei Etagen und in zwei Flügeln entlang langer Korridore. Für den Rest des Tages hat man also ausgesorgt. Es geht ja nicht nur darum, ein Bild nach dem anderen anzuschauen und einen Meister nach dem anderen abzuhaken. Die neue Hängung in Kontexten und der gewollte Vergleich der Werke im direkten Nebeneinander erfordert einiges an Konzentration.

Das war's! Jetzt darf ein Aperitif sein! Vielleicht auf der Dachterrasse der **La Terrazza Bar** (s. S. 83) oder in der **Il Bar del Forte** (s. S. 83) auf dem Forte di Belvedere? Wenn Florenz dann langsam in die Dämmerung gleitet und die ersten Lichter aufblitzen, schlägt man sich ins Gassengewirr und sucht eine Osteria auf.

Der Palazzo Vecchio auf der Piazza della Signoria 28

Das gibt es nur in Florenz

- *Mindestens drei Mal steht* ***Michelangelos „David"*** *in Stein und in Bronze gehauen nackt und knackig in der Stadt. Im Original in der Accademia-Galerie* 24 *und als Kopie auf der Piazza della Signoria* 28 *und auf dem Piazzale Michelangelo* 41 *- keine Sorge also, man wird ihm begegnen.*
- *Dante schrieb in der Stadt die „Göttliche Komödie", Giotto ließ bauen und malte, Donatello und Botticelli profitierten ebenso vom Kunstsinn der Stadtherren und der Medici wie Leonardo da Vinci.* ***„Welthauptstadt der Renaissance"*** *wird Florenz genannt: Nirgends sonst gibt es eine solche Dichte an Architektur dieser Stilepoche, sind die Stein gewordenen Meisterwerke so elegant und wegweisend.*
- *Die Bewohner keiner anderen italienischen Stadt sind so* ***international und weltoffen*** *wie hier. Auf den Plätzen und in den Gassen herrscht eine babylonische Sprachenvielfalt, Studenten aller Herren Länder besuchen Kunst- und Sprachenschulen, geben sich mit Touristen ein immer gedrängtes Stelldichein.*
- *„À la fiorentina" ist zu Hause beim Italiener um die Ecke Synonym für Fleisch mit Tomatentunke. Auf den* ***Speisekarten*** *von Florenz hat es eine gänzlich andere Ausprägung: Das florentinische „Arista" ist ein mit Knoblauch und Rosmarin gewürztes Schweineschnitzel, florentinischer Stockfisch kommt mit einer Sauce aus frischen Tomaten und Basilikum, das florentinische Steak ist ein Hammer mit einem Gewicht von 1 kg und nur von mindestens drei Personen bestellbar (der Kellner zer- und verteilt gerecht).*
- *Wer des Speisens und der Museumsbesuche überdrüssig und zur rechten Zeit (24. Juni) in der Stadt ist, sollte* ***einem Fußballspiel der besonderen Art,*** *dem „Calcio in Costume", beiwohnen. Die Mannschaften raufen auf der Piazza Santa Croce* 18 *nur mit altertümlichen Hosen bekleidet um einen Ball. Die einzige Gemeinsamkeit mit Fußball: Der Ball ist rund.*

081fl Abb.: sk

‹ David auf dem Piazzale Michelangelo 41 *hoch über Florenz*

Stadtspaziergänge

Wer sich in die Stadt hineinfühlen will, bevor er sich intensiv den Museumsbesuchen widmet, kann natürlich einfach durch die Gassen schlendern und sich treiben lassen. Wir schlagen zwei Spaziergänge vor, auf denen man an den bedeutendsten Sehenswürdigkeiten vorbeikommt, aber eben auch weniger touristische Areale sieht und dabei vielleicht ein wenig die Atmosphäre von Florenz erspüren kann.

Spaziergang 1: Durch die Altstadt am nördlichen Arnoufer

Startpunkt des etwa 5 km langen Spaziergangs (2–3 Std.) ist der **Dom** 9 mit seinem Glockenturm und der Taufkirche **Battistero di San Giovanni** 10. Die Domkuppel von Brunelleschi ist begehbar und eines der Highlights eines Florenzbesuchs, entsprechend viele Menschen stehen hier auch an.

Routenverlauf im Stadtplan
Die hier beschriebenen Spaziergänge sind mit farbigen Linien im Stadtplan eingezeichnet.

Weiter geht es auf der zentralen Via dei Calzaiuoli – einer Fußgängerzone, die nach Süden Richtung Arno führt –, die vielen als die eleganteste Straße der Stadt gilt. Die hiesigen Geschäfte gehören definitiv nicht zu den günstigsten in Florenz, verlocken aber immer wieder zu Blicken in die Schaufenster. Die Via dei Calzaiuoli endet am zweiten Höhepunkt des Spaziergangs, der **Piazza Signoria** 28

Die Kuppel des Battistero di San Giovanni 10

mit dem **Palazzo Vecchio.** Die „Platzmöblierung" mit Skulpturen vermittelt schon einen guten Eindruck vom Kunstsinn der Medici. Die angrenzenden Uffizien (29) werden für den Moment „links" liegengelassen (eigentlich befinden sie sich auf der rechten Seite) und es geht auf der Via della Ninna und der Via dei Neri nach Osten. Für ein Panino mit einem Gläschen Wein sollte hier Zeit sein: Das **All'Antico Vinaio** (s. S. 80) serviert hervorragendes italienisches „Finger Food"!

Am Ende der Via dei Neri gelangt man halb links über den Borgo Santa Croce zur gleichnamigen Kirche **Santa Croce** (18). Über die Via Magliabechi und dann links den Corso dei Tintori entlang an der Nationalbibliothek (Biblioteca Nazionale) vorbei geht es anschließend ans Arnoufer. Man folgt dem Fluss auf schalem Gehsteig nach Westen und bewundert das Panorama auf der anderen Flussseite (mit dem Piazzale Michelangelo (41)). Das **Museo Galileo** (30) (und die immer zahlreicher werdenden Passanten) kündigen die erneute Nähe zu den Uffizien an. Weiter geht es unter den Arkaden entlang (im Gang darüber verläuft der mit Kunst vollgehängte Vasari-Korridor, s. S. 48, Richtung Palazzo Pitti) und dann am **Ponte Vecchio** (31) nach rechts in die Via Por Santa Maria.

Nun geht es geradeaus nach Norden, an der Piazza della Repubblica und am Domplatz vorbei zur **Basilica di San Lorenzo** (5) mit den **Medici-Kapellen** (6). Von hier aus ist es über die Via Melarancio nicht weit zum Klosterkomplex **Santa Maria Novella** (2) (in der Klosterapotheke gibt es allerlei zu kaufen, s. S. 18).

Hunger? Im **Mercato Centrale** (8) (über die Via Sant'Antonino nach Nordosten erreichbar) wird man garantiert etwas finden, das ihn stillt. Gesättigt gelangt man dann über die Via Sant' Orsola, Via Santa Reparata und an der Via Ventisette Aprile rechts gehend zur **Galleria dell'Accademia** (24) hinter der Piazza San Marco. Michelangelos David kann in der Galleria im Original betrachtet werden und mit diesem Kunsterlebnis endet der Stadtspaziergang.

Das Innere von Santa Maria Novella (2)

Stadtspaziergang 2: Oltrarno und San Spirito am südlichen Arnoufer

Oltrarno ist angesagt – das Viertel auf der anderen, nicht weniger kunstlastigen Seite des Flusses. Zu Beginn des etwa 7 km langen Spaziergangs (ca. 3–4 Std.) geht es über den **Ponte Vecchio** 31 am Geglitzer der prall gefüllten Auslagen mit viel zu teurem Gold- und Silbergeschmeide vorbei im Strom der Touristen zur Piazza de' Pitti. Der Gebäuderiegel linkerhand – **Palazzo Pitti** 37 – steht mit seinen Kunstsammlungen den Uffizien nur wenig nach. Den **Giardino di Boboli** (Bobili-Garten) zu entdecken erfordert seine Zeit, schließlich geht es stramm bergauf (und Sitzgelegenheit zum Verschnaufen sind hier Fehlanzeige).

Eine Pause wäre hingegen im **Forte di Belverede** 38 möglich (mit schöner Aussicht), zu erreichen über die Piazza Santa Felicita an der gleichnamigen Kirche und die Costa San Giorgio. Wer wirklich gut zu Fuß ist, wählt als nächstes Ziel entlang der Via di Belverde und der Via del Monte alle Croci den **Piazzale Michelangelo** 41 für den ultimativen Überblick über Florenz.

Zurück am Palazzo Pitti gelangt man über die Via Sdrucciolo di Pitti nach Westen zur **Piazza Santo Spirito** 36, dem Herz des gleichnamigen Viertels. Auch wenn hier Touristen unterwegs sind, es geht doch ruhiger zu: Studenten sitzen am Brunnenrand und in den Cafés, Einheimische versorgen sich in den Imbissen oder stehen in Gruppen zusammen und diskutieren Tagesereignisse. Letzte Station des Spaziergangs ist dann die Kirche **Santa Maria della Carmine** 35 mit ihren Fresken (über die Via Sant' Agostino und die Via Santa Monaca erreichbar).

Im Boboli-Garten 37 gibt es verspielte Einbauten: hier eine Grotte

Zwischen Bahnhof und Dom

Kaum aus dem Bahnhof heraus stolpert man schon in die Renaissance. Auf dem Weg zum Dom sind auch erste Begegnungen mit den Medici angesagt, also Kunst aus vergangener Zeit pur. Als Kontrastprogramm dienen moderne Plastiken, ein Bummel über den Mercato Centrale und über den Gassenmarkt bei San Lorenzo. Den großen Hunger stillen die Lokale vor dem Mercato Centrale, den kleinen die Verkaufsstände in der Markthalle.

Den ersten Bahnhof von Florenz – Leopolda, noch außerhalb der Stadtmauern (westlich des heutigen Hauptbahnhofs) – erbaute 1844 Robert Stephenson, dessen Vater die Eisenbahn erfand, im Neorenaissancestil. Hier gingen die Züge der Leopold-Bahn nach Pisa und Livorno ab, die ihren Namen vom Habsburger Großherzog Leopold II. erhielt. Nur vier Jahre später errichtete man innerhalb des Stadtwalls den Bahnhof Maria Antonia (benannt nach der Frau Leopolds II.). Mit der zunehmenden Mobilität, die der wirtschaftliche Aufschwung der faschistischen 1920er-Jahre mit sich brachte, wurde der Bahnhof zu klein und durch SMN ersetzt.

1 Bahnhof Santa Maria Novella (SMN) ★ [L7]

1932 geplant und bis 1934 errichtet zeigt sich der Hauptbahnhof von Florenz in typisch sachlicher Geradlinigkeit.

Aus der Vogelperspektive wirkt der **Komplex wie ein Rutenbündel** mit eingebundenem Beil, ein *fasces*, was beabsichtigt war. Das Rutenbündel war das Machtsymbol altrömischer Konsuln und Mussolini machte es zum Zeichen der italienischen Faschistenbewegung. Der Kopfbahnhof ist Ziel der Fernzüge aus Mitteleuropa, die hier wenden und nach Rom und Süditalien weiterfahren. 60 Mio. Reisende im Jahr machen Firenze SMN zu **einem der belebtesten stadteingebundenen Bahnhöfe Europas.**

KLEINE PAUSE

Oase im Betondschungel

Das **Caffè Le Rose** (s. S. 81) ist eine kleine Oase inmitten der innerstädtischen Steinwelt nahe dem Bahnhof, abgetrennt von der Straße kann man es sich in ihm für einige Momente gut gehen lassen.

2 Santa Maria Novella ★★★ [L7]

Unweit des Bahnhofs ragt die mächtige, durch ihre starke farbliche Strukturierung aber doch zierlich wirkende Fassade am gleichnamigen Platz auf. Die Kirche dokumentiert mit ihrer Baugeschichte den Übergang von der Gotik zur Renaissance und beherbergt herrliche Fresken.

1246 wurde der Grundstein für die gotische Kirche des Dominikanerklosters gelegt. 1300 war das Innere vollendet, doch die **dunkelgrün-weiße Fassade** erhielt ihr heutiges Aussehen später. Um 1345 begann man, den unteren Bereich der Fassade zu mauern, der gotische Grabnischen erhielt. Die Kirche wurde 1420 unfertig geweiht. Ein Jahrhundert später mussten die Renaissancebaumeister eine Lösung für die Fassadengestaltung finden. Giovanni Bertini brachte das Werk nach Plänen von Leon Battista Alberti 1470 zu Ende, indem er erstmals Gesimse um die von ihm als Strukturierung angebrachten Halb- und Ecksäulen vorspringend herumführte, was den Baukörper horizontal gliederte und als visuell gelungene Basis für die rundfenstergeschmückte Attika diente. Mit Voluten, den geschwungenen Schnecken, wurde beidseitig der Attika die Kreisform aufgenommen, eine geschickte Überleitung und Abschwächung des wuchtigen Obergeschosses und ein Mittel, um die Pultdächer der Seitenschiffe zu verbergen.

Betritt man das Kircheninnere über den kleinen, mauerbewehrten ehemaligen Klosterfriedhof, nehmen sofort die **gewaltigen Deckengewölbe** hoch oben und die schlanken Säulen der Basilika gefangen, deren Bögen freien Blick auf die Seitenschiffe gewähren. Vom Hauptportal bis zum Chor misst der Baukörper 99 m. An prominenter Stelle im Geviert der letzten Säulenpaare vor dem Querschiff hängt das **bemalte Kreuz von Giotto** (um 1290) mit seiner anrührenden Darstellung der Gesichtszüge Jesu.

Die **Marmorkanzel** an der zweiten Säule links wurde von Brunelleschi entworfen (1443), das Fresko an der Wand des Seitenschiffes dahinter stammt von Masaccio (1427): Die **Dreifaltigkeit** zeigt Jesus am Kreuz, über seinem Haupt schwebt der Heilige Geist als Taube und dahinter breitet Gottvater die Arme. Zu Jesu Füßen stehen Maria und Josef und kniet das Stifterehepaar. Ihre Gesichtszüge wirken tief verstört, Maria und Josef zeigen sich hinnehmend. Mit dieser pointierten Darstellung gilt es als eines von Masaccios Meisterwerken.

In der **Hauptchorkapelle** (Cappella Tornabuoni) hat Ghirlandaio Szenen aus dem Leben Marias und Johannes des Täufers verewigt, an denen auch zahlreiche Florentiner Bürger seinerzeit teilnehmen, in der **Cappella Filippo Strozzi** gleich rechts schuf Filippino Lippi 1489 Bilder aus dem Leben des Apostels Philippus für das Grabmal des Bankiers Filippo Strozzi und in der **Cappella Strozzi di Mantova** linkerhand des Hauptchors am Beginn des rückwärtigen Hauptschiffes malte Nardo di Cione 1357 Szenen aus Dantes „Göttlicher Komödie".

In der Kapelle unmittelbar links vom Hauptchor ist das **Kreuz von Bru-**

032fl Abb.: sk

Eine grüne Insel hinter den Mauern von Santa Maria Novella 2

EXTRATIPP

Einkaufen in der Klosterapotheke

Die Klosterapotheke von Santa Maria Novella betritt man südwestlich der Kirche über die Via della Scala. Sie wurde 1612 gegründet (obwohl Heilkunde im Kloster schon für das 14. Jh. dokumentiert ist), in eine Kapelle gebaut und mit einem eigenen Kräutergarten ausgestattet. Die heutige Inneneinrichtung der überaus edlen Verkaufsräume stammt von 1848. Im Angebot findet sich alles, was von den Altvorderen zur Körperpflege als notwendig erachtet wurde, die Rezepturen machten schon die Medici wohlriechend. Die Essenzen erfüllen die Säle mit unwiderstehlichen Düften und betören jede Geldbörse.

1 [L8] **Officina Profumo-Farmaceutica di Santa Maria Novella,** Vial della Scala 16/R, Tel. 055 216276, www.smnovella.com, tgl. 9–20 Uhr

nelleschi zu bewundern, das Jesus feingliedrig, mit edlen Gesichtszügen und gänzlich nackt darstellt. Der Sage nach schnitzte es Brunelleschi 1420 nach einem Streit mit Donatello über eines dessen Kreuze (in Santa Croce 18 zu sehen), an dem Jesus nach Meinung Brunelleschis plump und bäuerlich wirke. An der Ostseite des Querschiffes hinter dem Grabmal des Patriarchen von Konstantinopel steigt man zur **Cappella Rucellai** hinauf. Das Grabmal des Ordensgenerals der Dominikaner und Priors des Klosters, Leonardo Dati, ist mit einer Bronzeplatte aus den Händen von Lorenzo Ghiberti geschmückt (1425).

Linkerhand der Hauptfassade geht es in das **Museum.** Der Gang führt zuerst in den **Grünen Kreuzgang** *(Chiostro Verde)* mit Fresken u. a. von Paolo Uccelo (1397–1475): „Die Erschaffung Adams und der Tiere" und „Die Erschaffung Evas und Sündenfall" in vorherrschendem Grün an der der Kirche zugewandten Seite. Der Springbrunnen in der Mitte des Kreuzgangs ist von Zypressen umgeben.

An seiner Nordseite geht es in die **Cappella degli Spagnoli,** die Spanische Kapelle. Andrea Bonaiuto schuf 1367 die **prächtigen Fresken** mit dem Thema der Heilswerdung des Menschen. Das ehemalige **Refektorium** zeigt sich hingegen als weite Halle, in der sakrale Kunst ausgestellt ist. Im Vorraum sind Fresken und Büsten zu sehen, deren Vorbilder Figuren des Alten Testaments waren. Weitere Kreuzgänge des Komplexes sind ebenfalls zu besuchen.

› **Chiesa e Museo di Santa Maria Novella,** Piazza Santa Maria Novella, Tel. 055 219257, www.smn.it, Museum und Kirche: Mo.–Do. 9–19, Fr. 11–19, Sa. 9–17.30/18.30, So. 13–17.30/18.30 Uhr, Winter generell nur bis 17.30 Uhr, Kombiticket für Kirche u. Museum 7,50 €
› Messen: Mo.–Sa. 7.30 und 18, So. 10.30, 12 und 18 Uhr

3 Museo Novecento ★★ [L8]

In 15 Ausstellungsräumen sind Werke italienischer Künstler des 20. Jh. zu sehen, u. a. auch die Sammlung Alberto della Ragione.

Die Exponate aus den Bereichen Malerei, Skulpturenkunst, Installation, Video und Film zeigen, dass die Kunstsinnigkeit von Florenz nicht nur der weit zurückliegenden Vergangenheit verpflichtet ist, sondern dass die Stadt auch im letzten Jahrhundert durchgängig Kunstschaffende angezogen hat.

Modern und unter Einbeziehung neuester museumsdidaktischer Erkenntnisse konzipiert, werden die Werke in den inhaltlichen und thematischen Kontext gestellt. Weniger ist hier mehr, deshalb beschränkt man sich auf etwa 300 Werke aus dem Fundus, die gleichzeitig ausgestellt sind. In regelmäßigen Abständen werden die Arbeiten aber ausgewechselt, sodass es sich durchaus lohnt, auch bei der nächsten Reise vorbeizuschauen.

› Piazza Santa Maria Novella 10, Complesso dello Spedale delle Leopoldine, www.museonovecento.it, Tel. 055 286132, Sa.–Mi. 11–20, Do. 11–14, Fr. 11–23, Winter: Sa.–Mi. 11–19, Do. 11–14 Uhr, Eintritt 8,50 €

4 Museo Marino Marini ★ [M8]

Wer sich für moderne Kunst interessiert, ist hier richtig. Das Schwergewicht der Sammlung liegt auf den Skulpturen von Marini.

In der säkularisierten Kirche San Pancrazio aus dem 14. Jh. wurden zu Beginn der 1980er-Jahre moderne Ausstellungsräume eingerichtet und in ihnen **über 170 Werke des toskanischen Bildhauers Marino Marini** (1901–1980) noch nach seinen eigenen Vorgaben arrangiert. In den großen Räumen aus modernen Baustoffen führen Treppen und Galerien an den teils vielfarbig ausgeführten Werken Marinis vorbei, in denen der Künstler alle nur erdenklichen Materialien verarbeitet hat.

Ein Höhepunkt ist aber ganz anderer Natur. Die **Cappella Rucellai** ist ein Kleinod der Renaissancekunst, eine Kopie der Jerusalemer Grabeskirche in klein von Leon Battista Alberti. Die Kapelle hat er zwischen 1458 und 1467 für das Grab des wohlhabenden Bankiers und Wollhändlers Giovanni Rucellai errichtet.

In der ehemaligen Krypta sind temporäre Ausstellungen untergebracht, die sich ebenfalls der modernen Kunst widmen. Der Museumsladen am Eingang verkauft Poster von Marinis Arbeiten und Kunstbücher.

› Piazza San Pancrazio, Tel. 055 219432, www.museomarinomarini.it, Sa.–Mo. 10–19 Uhr, Eintritt frei, Cappella Rucellai 8 € (nur mit geführter Tour, Vorabreservierung obligatorisch)

5 San Lorenzo ★★★ [N7]

Der beeindruckende Renaissancekomplex ist aufs Engste mit der Familie Medici verbunden. Sie gaben Geld, holten Meister wie Brunelleschi und Michelangelo und ließen sich hier beerdigen.

Bereits 393 stand hier eine Kirche. Die eigentliche Baugeschichte begann im 15. Jh., als Cosimo de Medici den verfallenen Bau **durch Brunelleschi im Renaissancestil umgestalten** ließ. Nach dessen Tod übernahm Manetti die Vollendung, hielt sich nicht an die Pläne Brunelleschis und sorgte für den düsteren Innenraum. Es ent-

EXTRATIPP

Mercato San Lorenzo

Auf der Piazza San Lorenzo und in der Via dell'Ariento [M7] stehen die Marktkarren dicht an dicht und bilden ein Spalier, durch das sich kaufwillige Touristen schleusen. Nur eines ist dort sicher: Handelte es sich um Qualitätsware, so wären die Preise sensationell niedrig, wenn nicht, viel zu hoch. Leder ist im Angebot, Sonnenbrillen, Souvenirs, Schals und vieles mehr, was man – vielleicht – benötigt.

stand eine Säulenbasilika mit Arkaden, Kreuzgewölben und dekorierten Seitenkapellen.

Zwischen den letzten Säulenpaaren vor dem Hauptchor sind die **berühmten Kanzeln mit Bronzereliefs** aus der Werkstatt Donatellos zu sehen: ausdrucksvolle Darstellungen der Leidensgeschichte. Direkt vor dem Hauptchor ist im Boden die runde Grabplatte für Cosimo de Medici eingelassen, in der Gruft wurde auch Donatello beigesetzt.

Über das linke Querschiff gelangt man in die **Alte Sakristei** *(Sagrestia Vecchia)*, **eines der stimmigsten Werke Brunelleschis**, das er als quadratischen Zentralraum mit zwölfseitiger Fächerkuppel gestaltete, bekrönt von einer Tempellaterne. Donatello führte die Stuckdekoration aus (die vier Evangelisten und die Geschichte Johannes' des Evangelisten) und zeichnete für die Bronzetüren verantwortlich, auf denen er Märtyrer, Apostel und Evangelisten paarweise und voll Bewegung zeigt. Die Sakristei erfüllte eine Doppelfunktion und ist auch Mausoleum für diverse Medici (darunter die Söhne Cosimos). Das Deckenfresko zeigt einen Sternenhimmel, wie er am 5. Juli 1422 über Florenz zu sehen war.

Das Gebäude der **Biblioteca Laurenziana** errichtete Michelangelo ab 1524 für die Büchersammlung von Giulio de Medici bzw. Papst Clemens VII. Giulio hat damit seine Kostbarkeiten der Buchkunst der Öffentlichkeit zugänglich gemacht, insgesamt 10.000 Bände, darunter ein Manuskript Vergils aus dem 5. Jh., Rechtsvorschriften aus dem 6. Jh., Handschriften von Dante, Boccaccio und Petrarca. Die Bibliothek ist das

Die Kirche San Lorenzo **5** *wirkt von außen unnahbar*

Der Markt rund um San Lorenzo (s. S. 19) bietet allerlei Souvenirs und Kleidung

bedeutendste Bauwerk des Übergangs von Renaissance zu Barock, mit ihm hat der alternde Michelangelo eine ganze Epoche geprägt – den Manierismus.

Unter der Bibliothek befindet sich das **Kirchenschatz-Museum** mit sakralen Gegenständen aus dem 14. bis zum 19. Jahrhundert. Wertvollster Teil der Ausstellung: ein Christus aus Silber von Michelozzo, 1444 als Teil eines Kruzifixes für Cosimo I. geschaffen. Hier steht auch der Sarkophag von Cosimo und ein Raum ist reserviert für fünf Gemälde von Jacopo da Pontormo.

› **Chiesa San Lorenzo, Museo del Tesoro und Biblioteca Laurenziana,** Piazza San Lorenzo, Tel. 055 2645184, www.operamedicealaurenziana.org, Mo.–Sa. 10–17.30 Uhr, Kassenschluss 30 Min. vor Ende, Eintritt: Kirche mit Kreuzgängen und Tesoro 6 €, mit Bibliothek 8,50 €
› Messen: Mo.–Fr. 9.30, 11, 18 Uhr, Sa. 18 Uhr, So. 9.30, 18 Uhr

6 Medici-Kapellen (Museo delle Cappelle Medicee) ★★ [M7]

Das prächtige Mausoleum wurde erbaut, als die Medici in den Fürstenstand aufstiegen und hierfür ein passendes Familiendenkmal bestellten – Edelsteine waren das Mindeste.

Eigentlich zum Komplex von San Lorenzo gehörig, hat man zwei Grabkapellen als eigenes Museum organisiert, das von der Rückseite der Kirche zu betreten ist. Wenn auch die Alte Sakristei in San Lorenzo als Medici-Kapelle bezeichnet wird, besteht das Museum doch nur aus den beiden nach ihr errichteten Kapellen. Man erreicht sie über die **Krypta,** in der die sterblichen Überreste von fast 50 (nur) bürgerlichen Medici liegen.

Über eine Treppe geht es hinauf in die **Cappella dei Principe,** die Fürstenkapelle. 1605 vergaben die Medici den Auftrag für den Bau der Kapelle, fertig wurde das Bauwerk aber erst 350 Jahre später. Ursprünglich sollte sich die Kapelle zum Hauptchor von San Lorenzo öffnen, was die Kirche zum Eingangsbereich des Mausoleums degradiert hätte, dann aber beschränkte man sich auf die **kostbare Innenausstattung.** Die Dekoration des Altars in der aufwendigen Pietra-dura-Technik (Mosaike aus Halbedelsteinen) wurde erst 1939 fertig. Sechs Granitsarkophage stehen in den Nischen unter der **59 m hohen Kuppel,** die Pietro Benvenuti von 1828 bis 1838 klassizistisch in leuchtenden Farben ausmalte. Am Sockel sind 16 Mosaikwappen toskanischer Städte angebracht. Über zweien der Särge wachen Bronzestatuen: Cosimo II. und Ferdinando I.

Die **Neue Sakristei** *(Sagrestia Nuova)* schuf **Michelangelo** zwischen

1520 und 1534 nach der Alten Sakristei als zweite Grabkapelle der Medici. Michelangelo übernahm Brunelleschis Grundkozept der Alten Sakristei, änderte es aber ab, um ein Maximum an Wirkung für die von ihm vorgesehene Innenausstattung zu erzielen. Papst Leo X. erteilte den Auftrag für die Grabstelle von Lorenzo II. und die Gräber für seinen Sohn Giuliano, seinen Enkel Lorenzo und den Bruder Giuliano. Den viereckigen Raum mit zentraler Kuppel beleben Nischen, Pilaster und Tabernakel.

Michelangelo schuf **zwei fürstenherrliche Grabstätten mit beispielhafter plastischer Gestaltung** (für Sohn Giuliano und Enkel Lorenzo). Er meißelte die Skulpturen 14 Jahre und wurde doch nicht fertig. Auf den Bögen der Sarkophage lagern **die Tageszeiten als Allegorien**, hingeflossen und mit prächtigen Körpern. In den mittleren Nischen darüber sitzen die idealisierten Gestalten der Begrabenen. Giulianos Grab zeigt die Nacht – in sich selbst gekehrt, unendlich müde schließlich in den Schlaf gefallen – und den Tag – herkulische, sich aus inneren Fesseln befreiende Kraft. Was hier seinen Ausdruck findet, hat Michelangelo als Gedankenbasis zu Papier gebracht: „Der Tag und die Nacht sprechen: Wir haben mit unserm schnellen Lauf den Herzog Giuliano zum Tode geführt; es ist durchaus billig, dass er dafür Rache nimmt, wie er es tut, und die Rache ist diese, dass er uns, die ihm den Tod gebracht, im Tod noch das Licht genommen und mit seinen geschlossenen Augen auch die unseren verschlossen hat, die nun nicht mehr über die Erde leuchten. Was hätte er also aus uns gemacht, indes er lebte?“ Giuliano wacht heroisch in antiker Rüstung als Feldherr über ihnen.

Auch Lorenzo ist in antikem Kostüm zu sehen: nachdenklich, aber ein trauernder Held. Die Allegorien „Morgen“ und „Abend“ liegen zu seinen Füßen. Ihre fast gleichen Körperstellungen unterscheiden sich nur durch wenige Änderungen in der eingefrorenen Bewegung: der Morgen gerade erwachend, sich halb aufrichtend und dem Traum entreißend, der Abend teilnahmslos, halb hingesunken, ohne Willen.

› Piazza Madonna degli Aldobrandini, Tel. 055 2388602, tgl. 8.15–15.45 Uhr, Winter 8.15–12.30 Uhr (jeweils letzter Einlass), geschl. am 2. u. 4. So. sowie 1., 3. u. 5. Mo. im Monat, Eintritt 11 €, Ticketvorbestellung unter www.cappellemedicee.it

7 Palazzo Medici-Riccardi mit Cappella dei Magi ★ [N7]

Das Zuhause Cosimos I. diente auch als Verwaltungssitz der umfangreichen Familiengeschäfte. Von außen abweisend, birgt es in seinem Inneren eine wertvolle Kapelle.

1435 vergab Cosimo den Auftrag, 20 Jahre später war der Palast fertig. In ihm erblickte 1449 Lorenzo der Prächtige das Licht der Welt, 1659

KLEINE PAUSE

Snack mit Stil

Bei den **Brüdern (Fratelli) Zanobini** (s. S. 80) gibt es unendlich viele Weine – auch zum Probieren. Dazu werden Snacks für den kleinen Hunger gereicht.

› *Der Tagesfang kommt direkt per Kühlwagen vom Mittelmeerhafen*

wurde der Bau an die Familie Riccardi verkauft, die ihn erweiterte. Seit 1814 benutzt ihn die Provinzverwaltung. Neben dem Palazzo Pitti 37 ist er **eines der besten Beispiele für den Profanbau der Frührenaissance**, geschaffen von Michelozzo mit roh behauenen Steinen im unteren Bereich und einem prächtigen Gesims am vorragenden Dach. Trotz langer Fensterfluchten wirkt das Gebäude klobig. Der **Innenhof** von Michelozzo zeigt sich hingegen elegant mit Arkadenumgang, Loggien und unbeschwertem Orpheus. Zum Komplex gehört auch ein Garten mit Springbrunnen.

Über die Haupttreppe vorbei an in Nischen aufgestellten Statuen geht es in die erste Etage zur **Hauskapelle der Medici** (Cappella dei Magi). Pro Stunde sind maximal 68 Besucher erlaubt, alle sieben Minuten werden acht Personen hindurchgeschleust. Die Kapelle besteht aus zwei quadratischen Kammern mit Holzdecke und einem vielfarbigen Marmorfußboden, die kleinere beherbergt den Altar. Die farbenfrohen Fresken stammen von Benozzo Gozzoli (1459): Engelchöre in einer Landschaft beidseits des Fensters und „Der Zug der Heiligen Drei Könige", an dem nicht nur biblische Gestalten teilnehmen. Mit ihnen reisen die Medici zu Maria mit dem Kinde.

› Via Cavour 3, Tel. 055 2760340, www.palazzomediciriccardi.it, Do.–Di. 9–19 Uhr (letzter Einlass 18 Uhr), Eintritt 7 €, bei Ausstellungen 10 €

KLEINE PAUSE

Nerbone (s. S. 77) in der Markthalle wird seit Jahrzehnten zu Recht als Geheimtipp gehandelt: Delikate belegte Brötchen und schnelle Gerichte laden zur kulinarischen Pause ein.

035fl Abb.: sk

8 Mercato Centrale ★★★ [M7]

Auch wer keine Küche in Florenz besitzt, sollte den Markt aufsuchen. An seinen Ständen gibt es Kulinarisches fürs Auge und zubereitete Speisen.

Für den Bau der Hallen ließ sich der Architekt der Galleria in Mailand, Giuseppe Mengoni, von den Pariser Markthallen inspirieren. Im Geist der Zeit wurde eine Eisenkonstruktion mit viel Glas gewählt, so entstand zwischen 1869 und 1873 die **damals größte Markthalle für Lebensmittel in Europa.**

Auf einer Fläche von 6134 m² über zwei Etagen wurde (und wird heu-

Die Fassadengestaltung nimmt dem Dom viel von seiner Wuchtigkeit

070fl Abb.: sk

te noch) der Florentiner Bauch in jeder Hinsicht befriedigt. Ein Streifzug durch die Gänge ist ein **Genuss für alle Sinne:** bunte Farben, herrliche Gerüche, verhaltene oder lautstarke Bestellungen, ein Gewirr der Stimmen, ein Nasenausflug in die Welt der Düfte, ein Augenschmaus für Liebhaber lokaler oder exotischer Speisen. Zahlreiche Stände decken das ganze Spektrum italienischer bzw. florentinischer Küche ab, an den Tischen wird geschwelgt und diskutiert.

› Piazza del Mercato Centrale, www.mercatocentrale.it, Mo.–Fr. 7–14, Sa. 7–17 Uhr, Imbissstände der 1. Etage tgl. 10–1 Uhr

Rund um den Dom

Im Herzen der Altstadt ist die Piazza Duomo mit einigen der wichtigsten Sehenswürdigkeiten ein absolutes Muss. Wessen Augen nach einem Museumsbesuch Ruhe verlangen, steigt in die Domkuppel oder auf den Campanile und wendet den Blick entspannt in die Ferne. Doch um weitere Museen wird man nicht herumkommen. Wer nicht lange warten will, geht beizeiten zum Dom, vor dem die Schlangen bereits am früheren Vormittag schnell länger werden. Auch das Museo Nazionale Bargello ist immer sehr gut besucht, Karten lassen sich dort aber auch vorbestellen.

9 Dom Santa Maria del Fiore ★★★ [N8]

Der Dom ist perfekt in die Altstadt eingepasst, die umliegenden Häuser drängen die Menschen geradezu in die Richtung seiner Fassaden. Man muss den Hals schon sehr recken, um die Gewaltigkeit des Bauwerkes zu erahnen.

Santa Maria del Fiore – seit 1412 nach der Lilie *(fiore)* auf dem Wappen der Republik benannt – entstand auf Fundamenten der **Vorgängerkirche Santa Reparata** von 406. 1296 erhielt Arnolfo di Colle di Val d'Elsa den Bauauftrag. Die Anfänge ließen ein so prächtiges Werk erahnen, dass man ihn kurz vor seinem Tod 1302 mit Steuerfreiheit belohnte. Dann stockte die Arbeit, erst 1357 nahm sie Franceso Talenti wieder auf und plante noch großzügiger.

1420 betrat **Brunelleschi** die Bühne, der eine **riesige Kuppel** entwarf. 1434 war die Kuppel fertig: Eine unerhörte Leistung, da der schwere Baukörper ohne ein am Boden verankertes Lehrgerüst gemauert wurde, das die Kuppel von unten hätte stützen können. Stattdessen verwendete Brunelleschi ein Gerüst, das die Kuppel selbst, entsprechend des Baufortschritts, trug. Eine kühne und heikle Aufgabe, die 1436 mit der Kuppelweihe gelöst war. Die Laterne auf der Kuppel wurde 1467 nach dem Tod Brunelleschis aufgesetzt.

Mit 169,5 m Länge und 104 m Breite ist der Dom **einer der größten der Welt** (hinter dem Petersdom in Rom, dem Mailänder Dom und Saint Paul's Cathedral in London). Innen misst das Hauptschiff 153 auf 38 m, das Querschiff ist 90 m lang und vom Boden ragt die Laterne 107 m in die Höhe, die Kuppel 90 m.

Trotz ihrer gewaltigen Maße wirkt die Kirche fast zierlich, da die Fassaden sowohl strukturell als auch farblich durch die **Verwendung unterschiedlichen Marmors** (rotem aus Maremma, weißem aus Carrara und grünem aus Prato) stark gegliedert sind. Der Fassadenschmuck stammt aus dem 19. Jh. Die Statuen in den Nischen und die Reliefs schlug man 1588 herunter, gab aber 1871–1884 dem Baukörper sein ursprüngliches Gepräge unter Verwendung der Originalpläne zurück.

Das **Hauptportal** erhielt 1903 sein bronzenes Tor, das die „Unbefleckte Empfängnis" und die „Krönung Marias" zum Thema hat. Das westliche

071fl Abb.: sk

⌃ *Nachts wirkt die Kathedrale noch ein Stück beeindruckender*

Südportal beim Glockenturm **(Porta del Campanile)** zeigt u. a. die Madonna zwischen zwei Engeln (14. Jh.), am östlichen (Porta dei Canonici) wirkte der deutschstämmige Künstler Piero di Giovanni mit und schuf die Tiergestalten. Das östliche Nordportal (Porta della Mandorla) geht auf Niccolo Piero d'Arezzo zurück (1408, Ornamente der Pfosten und Architrav), das Madonnen-Relief schuf Nanni di Bianco und vollendete Donatello (1414), das Lünettenmosaik (Bogenfeld) setzte Ghirlandaio zusammen.

Im Inneren fallen zuallererst die nur acht frei stehenden Pfeiler auf, die das kolossale Gewicht der vier Kreuzgewölbe des Mittelschiffs stemmen. Am **achteckigen Kuppelraum** treffen sich Langschiff und die ebenfalls achteckig konzipierten Räume des Querhauses und der Choranlage. Um hier überhaupt die Kräfte der Kuppel ableiten zu können, griff Brunelleschi zur Gewichtsersparnis auf eine doppelschalige Bauweise der Kuppel zurück. Der **Innenschmuck der Kirche ist limitiert**, unterstreicht aber so nicht unbeträchtlich die Wirkung der **gewaltigen Dimensionen.** Zahlreiche Gegenstände der ursprünglichen Kirchenausstattung sind im Museo dell'Opera del Duomo 11 zu besichtigen.

An der Westwand malte Niccolo di Piero die drei Glasfenster nach Vorgaben von Lorenzo Ghiberti. Im Zentralraum sind die bemalten Rundfenster an der Basis der Kuppel und das Fresko des Jüngsten Gerichts von Giorgio Vasari und Federico Zuccari (1572–1579) beachtenswert. Im rechten Seitenschiff am ersten Pfeiler geht es gegen Eintritt hinunter zur **Krypta** der Vorgängerkirche Santa Raparata und zum marmornen Grabmal von Brunelleschi (1972 aufgefunden).

Das grau gehaltene Reiterbild im linken Seitenschiff stammt von Paolo Ucceli (1436) und zeigt den englischen Feldhauptmann John Hawkwood im Sold des florentinischen Heeres, gleich daneben und von ihm inspiriert ein weiterer Reiter: „Niccola da Tolentino“ von Andrea del Castagno (1456). In Höhe der vierten Säule des linken Schiffes ehrte Domenico di Michellino 1465 Dante Alighieri mit einem Gemälde. Man sieht ihn mit der „Göttlichen Komödie“ in den Händen, um ihn herum Themen des Werks und eine Stadtansicht.

Zur Laterne auf der Kuppel gelangt man über die Treppe in Brunelleschis statischem Meisterwerk (Aufgang im rechten Seitenschiff kurz vor dem Querhaus). 463 Stufen sind es zwischen den beiden Kuppelschalen. Man darf nur in einer Richtung gehen und nimmt für den Abstieg einen anderen Weg, der „Point of no return“ liegt also gleich am Anfang – nichts für Unfitte und nichts für Menschen mit Höhenangst. Die **parabelförmige Konstruktion** der Kuppel ist der Bauweise geschuldet, da jeder gemauerte Ring den nächsten zu tragen hatte und dies nur mit einer steileren Form und nicht mit einer Idealhalbkugel erreichbar war.

Der **Campanile** (Glockenturm) an der Südwestecke der Kirche steht separiert und ist nur von außen zugänglich. Über eine kurze Treppe gelangt man ins Foyer und zum eigentlichen Aufstieg. 466 Stufen sind es auf schmalen Treppenabschnitten von ganz unten an mehreren Plattformen vorbei bis zum obersten Aussichtspunkt. Hier bietet sich ein fantastischer Blick über die Stadt und hinüber zur Kuppel des Doms. Den 82 m hohen Turm entwarf Giotto 1334 im

EXTRAINFO

Kombiticket für Dom, Dommuseum und Taufkirche

Die beiden Plätze Piazza Duomo und Piazza San Giovanni gehen ineinander über. Der Dom ist dabei das dominierende Bauwerk und in vier Besucherabschnitte eingeteilt: das Kirchenschiff, die Gruft (Santa Reparata), die Kuppel und den Campanile. Zum Komplex gehört auch das Museo dell'Opera del Duomo 11 gegenüber der Ostseite der Kirche. Das **Kombiticket** für Kuppel, Turm, Krypta, Dommuseum und Battistero di San Giovanni 10 kostet 10 €.

Stil der italienischen Gotik. Er führte den Sockel aus, der Abschnitt darüber geht auf Andrea Pisano zurück (1343), die Geschosse mit den Doppelfenstern baute Taddeo Gaddi (1358). Beide hielten sich an die Vorschläge Giottos, sodass sich ein **stimmiges, elegantes und schlankes Bauwerk** mit nuancenreicher Marmorverkleidung ergab.

- **Duomo Santa Maria del Fiore**, Piazza Dumo, Tel. 055 2302885, https://grandemuseodelduomo.waf.it, eine Online-Reservierung ist auch wegen der häufig wechselnden Öffnungszeiten dringend angeraten
- Dom/Krypta: Mo.–Sa. 10–17, Do. bis 16.30, Sa. bis 16.45, So. 13.30–16.45 Uhr (Krypta So. geschl.), mehrere Messen täglich ab 7.30 Uhr
- Kuppel: Besteigung nur mit Reservierung und fester Zeitvorgabe, Mo.–Fr. 8.30–19, Sa. 8.30–17.40 Uhr
- Glockenturm: tgl. 8.30–19.30 Uhr
- Eintritt für Dom, Krypta, Kuppel, Glockenturm, Taufkirche 10 und Dommuseum 11 18 € (nach erstem Eintritt 72 Std. gültig)

10 Taufkirche San Giovanni (Battistero di San Giovanni) ★★★ [N8]

Die Taufkirche Johannes' des Täufers vor dem Hauptportal des Domes ist wegen der prächtigen Bronzeportale fast immer von Menschen umlagert.

Das **achteckige Baptisterium**, als Kuppelbau ausgeführt, geht auf das 6. Jh. zurück, wurde zu Beginn des 13. Jh. umgebaut und erhielt in den folgenden Jahren das heutige Aussehen. Das bronzene **Südportal** modellierte Andrea Pisano 1336. In 28 Feldern ist die Lebensgeschichte Johannes' erzählt, die in Allegorien dargestellten Tugenden folgen den künstlerischen Ideen Giottos.

Für das **Nordportal** hatte die Stadtregierung 1402 einen Wettbewerb ausgeschrieben. Lorenzo Ghiberti gewann mit seiner Probearbeit „Abrahams Opfer" gegen Brunelleschi. Wieder in 28 Feldern zeigen die Reliefs die Geschichte Jesu, Darstellungen der Evangelisten und Kirchenlehrer. Im Gegensatz zum Südportal sind Kunst und Technik schon weiter entwickelt und zeigen eine eher erzählende Kompositionsweise.

Bedeutendstes Portal ist die **Porta del Paradiso (Paradiespforte)** nach Osten hin, die ebenfalls von Ghiberti gestaltet wurde (1452). Sie ist das berühmteste Bronzeportal ganz Italiens. Wie Gemälde, mit tiefer Pers-

078fl Abb.: sk

Weltberühmt: die Bronzeportale von San Giovanni

pektive und Naturtreue, wirken die zehn Platten auf den Betrachter und berichten von biblischen Ereignissen, wobei immer mehrere Themen genial in einem Feld zusammengefasst sind: die Erschaffung Adams und Evas und der Sündenfall, Kain und Abel, Noahs Dankopfer und Trunkenheit, die drei Erzengel bei Abraham, Jakob und Esau, Josef und seine Brüder, Moses und die Israeliten, Josua vor Jericho, David und die Philister und schließlich die Königin von Saba bei Salomon.

Im Inneren beeindruckt das **Mosaik** in der 26 m übergreifenden, achteckigen Kuppel, ein Werk des Andrea Tafi (um 1320). Im obersten Ring ist Christus zwischen den Engelchören zu sehen, im Osten über dem Chor ein kolossaler Christus als Weltenrichter, beidseits Paradies und Hölle und in den verbleibenden Feldern Geschichten aus der Bibel.

Bei der Apsis steht das **Grabmal für Gegenpapst Johannes XXIII.**, seine liegende Figur goss Donatello 1428 in Bronze. Der auf dem Konstanzer Konzil abgesetzte Gegenpapst bestellte einst die Medici als Bankiers der Kurie und sorgte für deren Reichtum. Die **Wellen- und Kreisornamente des Bodenmosaiks** dienten der aufstrebenden Seidenindustrie als Vorlagen ihrer Muster, vor dem Ostportal sind die Tierkreiszeichen eingelassen.

› Piazza di San Giovanni, Tel. 055 2302885, www.ilgrandemuseodelduomo.it, Mo.–Fr. 8.15–10.15, 11.15–19.30, Sa. 8.15–18.30, So. 8.15–13.30 Uhr, 1. Di./Monat geschl., Kombiticket mit Dommuseum 11, Dom 9, Krypta, Kuppel und Turm 18 €
› Messen: Mo.–Sa. 10.30 Uhr

11 Dommuseum (Museo dell'Opera del Duomo) ★★ [N8]

Viele Kunstwerke am und im Dom sind aus konservatorischen Gründen Kopien. Wer es authentisch liebt, kann die Originale im Dommuseum bestaunen.

In der modern konzipierten ehemaligen Dombauhütte treten die Räumlichkeiten in den Hintergrund, die Sammlung ist das Maß der Dinge. Die zweite der drei **Pietàs von Mi-**

039fl Abb.: sk

Im Dommuseum stehen viele Kunstwerke im Original, während am Dom Kopien prangen

chelangelo, die er als Achtzigjähriger skulptierte, war keines seiner Lieblingswerke, er hielt sie sogar für so misslungen, dass er sie zerschlug. Sein Schüler Calcangi musste die Pietà wieder zusammensetzen.

Im **Raum der Kanzeln** hängen zwei Meisterwerke von Donatello und Luca della Robbia als beste Beispiele für florentinische Renaissancebildhauerei. Auch die **Bronzereliefs von Ghiberti** von der Paradiestüre der Taufkirche sind hier im Original zu bewundern. Neben vielen weiteren Kunstwerken wie der verhärmten Heiligen Madonna aus Holz von Donatello kann man auch Modelle und Werkzeuge zum und für den Dombau sehen.

› Piazza Duomo 9, Tel. 055 2302885, www.operaduomo.firenze.it, tgl. 9–19 Uhr (1. Di. im Monat geschl.), Kombiticket mit Battistero di San Giovanni ⑩, Dom ⑨, Krypta, Kuppel und Turm 18 €

⑫ Casa di Dante ★ [N8]

Das kleine Museum in Dantes Haus widmet sich dem Leben des großen Dichters und gibt einen Einblick in die Raum- und Wohnverhältnisse seiner Zeit.

Ist er oder ist er nicht? In der Casa di Dante soll der große Dichter 1265 geboren worden sein – sagen die einen, die anderen, dass er in einem unbekannten Haus in der Nähe das Licht der Welt erblickte. Wie auch immer, das Haus wurde Ende des 19. Jahrhunderts „renoviert", aber eigentlich komplett neu errichtet. Ein Brand zur letzten Jahrtausendwende führte zwangsläufig zu weiteren Veränderungen des ursprünglichen Zustands.

Doch die Lage in den engen Gassen, der intime Platz vor dem Haus und die **Sammlung zu Dantes Leben** lohnen den Besuch. Die Ausstellung ist auf drei Etagen verteilt. In der ersten wird seine Jugend beleuchtet, in der zweiten die Zeit seines Exils und in der dritten sind Gemälde und Zeichnungen zu sehen.

› Via Santa Margherita 1, Tel. 055 219416, www.museocasadidante.it, tgl. 10–18, Okt.–März Di.–Fr. 10–17, Sa./So. 10–18 Uhr, Eintritt 4 €

KLEINE PAUSE

In der **Bar Alighieri** (s. S. 81) hinter der Casa di Dante sitzt man tagsüber an einem kleinen Platz, von dem aus man die Kutschen (s. S. 116) durch die enge Gasse fegen sehen kann.

⑬ Kastanienturm (Torre della Castagna) ★ [N8]

Im Torre della Castagna versammelten sich 1282 erstmals die Zunftvorsteher der Stadt *(Priori delle Arte)*, er gilt somit als **erstes Rathaus** in Florenz. Auf quadratischem Grundriss erhebt sich das schlanke Bauwerk aus rohbehauenen Steinen über die umliegenden Gassen. 1921 erhielt der Turm sein mittelalterliches Antlitz zurück, der meterdicke Kulturschutt der Stadt macht die erste Etage nun zum Parterre.

⑭ Museo Nazionale del Bargello ★★★ [N8]

Die Skulpturensammlung im Nationalmuseum mit Werken von u. a. Michelangelo und Donatello ist eine der schönsten der Welt. Eine Ticketreservierung wird empfohlen.

Der Palast aus der Mitte des 13. Jahrhunderts war ursprünglich Residenz des Stadtkommandanten

(Capitano del Popolo), Sitz des Bürgermeisters *(Podestà)*, des Gerichtsrates und Gefängnis. Schließlich zog 1574 der *Bargello* ein – der Polizeihauptmann. Der Bau trägt mit Zinnen und Wehrturm seine Bestimmung als **Sitz der Macht** klar nach außen.

Seit 1865 beherbergt der Palazzo auf drei Etagen das Nationalmuseum. Vom Eingang gelangt man in den ehemaligen Waffensaal, in dem die **Michelangelo-Sammlung** und Skulpturen aus dem 16. Jahrhundert stehen. Man beachte Michelangelos „Bacchus" aus Marmor (1496/97). Meisterhafter lässt sich Trunkenheit nicht darstellen, eine Hand Halt suchend, die andere doch wieder für einen Schluck erhoben, ein Antlitz voller Unverständnis. Weitere Werke: „David-Apoll" (1532) und „Brutus" (1540), eine Büste, die Lorenzino, den Mörder Alessandro de Medicis, zeigt.

KURZ & KNAPP

Geschlechtertürme

Noch heute sind die Wohnburgen im Stadtbild von Florenz zu entdecken, doch waren sie einstmals ungleich höher und mit mehr als 150 Stück weit zahlreicher. Bis zu 70 m ragten sie im 11. Jh. auf, untereinander mit Holzbrücken verbunden, auf denen die Reichen über den Köpfen der Armen lustwandeln und ihre Fehden austragen konnten. 1250 wurde unter dem *primo popolo* der Rückbau befohlen, größte erlaubte Höhe war nun 50 Ellen (29 m). Das Volk war der Streitereien zwischen den mächtigen Familien in der Stadt und der Pfeilschüsse über den Gassen müde geworden und sah die Türme als Symbol für die dauernden Händel.

Im gotischen *cortile*, dem **Innenhof mit Arkaden** und einem achteckigen Brunnen, fanden Hinrichtungen statt, wenn man eine öffentliche Exekution vermeiden wollte. Eine Treppe führt hinauf zur **Loggia Verone**, einst waren die Bögen vermauert und der ganze Bereich bestand aus Gefängniszellen. Hier stehen vornehmlich Werke von Giambologna aus dem 16. Jahrhundert. Von der Loggia geht es in den **Donatello-Saal** mit Werken aus dem frühen 15. Jahrhundert (u. a. Donatello, Michelozzo, Luca della Robbia). Den bronzenen David in der Gestalt des Merkurs ließ Donatello 1430 im Auftrag von Cosimo de Medici gießen, der David aus Marmor entstand 1409 für den Dom. Die Bewerbungsarbeiten von Ghiberti und Brunelleschi für das Portal am Battistero di San Giovanni 10 sind ebenfalls ausgestellt.

Im anschließenden **„Islamischen Saal"**, dem ältesten Teil des Palastes, ist die Sammlung der Medici aus dem Nahen Osten untergebracht.

Über den Saal des *Podestà* mit der Sammlung des Franzosen Louis Carrand aus der zweiten Hälfte des 19. Jahrhunderts gelangt man in die **Cappella di Maria Maddalena:** Ein Ort der Besinnung für die, auf die im Innenhof der Tod wartete, geschmückt mit „optimistischen" Gemälden wie „Das Jüngste Gericht" und „Inferno". Danach folgt ein **Saal mit Elfenbeinschnitzereien** vom 5. bis zum 17. Jahrhundert. Darunter zeigt eine Arbeit aus karolingischer Zeit die beiden Söhne Karls des Großen, wie sie über die Falschgläubigkeit triumphieren. Im zweiten Obergeschoss finden sich die Säle für Verrocchio, Giovanni und Andrea della Robbia und die Barockskulpturen; des Weiteren eine Bronzeabteilung und die

Waffensammlung. Auch **die Medaillensammlung der Medici** sollte man nicht versäumen.

› Via del Proconsolo 4, Tel. 055 2388606, www.bargellomusei.beniculturali.it, tgl. 8.15–17, Winter 11–20 Uhr, Kassenschluss 40 Min. vorher, jeden 2. u. 4. So. sowie 1., 3., 5. Mo. im Monat geschl., Eintritt 9 €, bei Sonderausstellungen 1 € extra

Wenn die Kutschen kommen, muss man sich in den engen Gassen an die Mauer drängen

15 Badia Fiorentina ★ [N8]

Die ehemalige Reichsabtei besaß einst mehr als 30 Landgüter, entsprechend konnten die Benediktiner ihre Lebenswelt gestalten.

Die Abtei mit Ursprung im Jahr 978 gehörte einmal zu den reichsten Klöstern Italiens. Ihre Kirche wurde 1285 erbaut und Arnolfo di Cambio zugeschrieben. Der **70 m hohe, sechseckige Spitzturm** entstand 1330 in romanisch-gotischem Stil nach 20 Jahren Bauzeit. Mehrere Umbauten veränderten das als griechisches Kreuz konzipierte Bethaus vollständig.

Im Inneren verdient die Holzdecke von Matteo Segalonio (1625) einen Blick. Das Hauptwerk der Anlage befindet sich im Eingangsbereich an der Nordwand: **„Die Marienerscheinung des hl. Bernhard" von Filippino Lippi** (1486). Es gehört zu den herausragenden Beispielen italienischer Renaissancemalerei. Bernhard von Clairvaux selbst war einer der wichtigsten Propagandisten der Kreuzzüge ins Heilige Land. Der doppelstöckige **„Kreuzgang der Orangenbäume"** *(Chiostro degli Aranci)* schließt an die südwestliche Ecke der Kirche an (Zugang über den Chor). Zwei Seiten des Kreuzgangs sind mit Fresken zum Leben des hl. Benedikt bemalt.

› Via Dante Alighieri 1, Tel. 055 264403, Kreuzgang nur Mo. 15–18 Uhr, Eintritt frei

› Messen: Di.–Fr. 7, 12.30, 18 u. 18.30, Sa 8, 12.30 u. 18 Uhr

16 Orsanmichele ★ [N8]

Vom Getreidemarkt zur Kirche – ein Marienbild sorgte im 14. Jh. für die Umwidmung.

1336 beauftragte die Stadtregierung die Zünfte mit dem Bau eines Getreidespeichers anstelle einer abgebrannten Kapelle. Zur Erinnerung an die Vorgängerkirche wurde die ebenerdige Loggia, der Getreidemarkt, mit einem Marienbild ausgestattet, die darüber liegenden Geschosse wurden als Getreidespeicher genutzt. Da das **Marienbild bald als wundertätig galt,** kamen Handwerker und Händler auch zum Beten hierher. Von da an verband sich die Funktion des Gebäudes als Getreidemarkt mit dem eines Gebetshauses.

In den Fassadennischen der Arkadenpfeiler sind die **Schutzheiligen der Stadtzünfte** zu sehen, ehemals in Marmor, heute durch Bronzekopien ersetzt (die Originale befinden sich im Museumssaal in der ersten Etage von Orsanmichele): San Marco (Trödler) und San Giorgio (Waffenschmiede) von Donatello, San Tommaso (Handelsgericht) von Verrocchio, San Giovanni Battista (Tuchhändler) und San Matteo (Geldwechsler) von Ghiberti, Sant'Eligio (Hufschmiede) und San Filippo (Gerber) von Nanni di Banco, San Jacopo (Kürschner) von Niccolo di Pietro Lamberti und San Pietro (Metzger) von Bernardo Ciuffagni.

Mitte des 14. Jh. schloss man die Arkaden, die Getreidespeicher blieben aber bis in das 16. Jahrhundert erhalten. Im Inneren umfasst ein **herrliches Marmortabernakel** von Andrea Orcagna aus dem Jahr 1359 das wundertätige Marienbildnis von Bernardo Daddi, das 1347 entstanden ist.

› Via Arte della Lana, Tel. 055 0649450, Kirche tgl. 10–17, Museum Mo.–Fr. 10–17, Sa. 10–12.30 Uhr, Eintritt frei

▷ *Santa Croce dominiert den gleichnamigen Platz*

Die Viertel östlich des Doms

Östlich des Doms ist es bedächtiger, hier läuft das Leben geruhsam ab, die Gassen sind nicht überfüllt, keiner drängt. Die Sehenswürdigkeiten sind in einem Bogen angeordnet, sodass sich die Menge auf ihrem zielstrebigen Weg vom Zentrum aus verläuft. Ein wenig Fußmarsch ist also notwendig – doch er hält sich in Grenzen und man findet immer wieder ein Plätzchen für Ruhe und Rast.

17 Museo Horne ★ [09]

Ein englischer Kunstgelehrter bewahrte sein Haus als Renaissancepalast und vermachte Anfang des 20. Jh. seine Sammlung der Stadt.

Herbert Percy Horne (1864–1916) sammelte Renaissancekunst. Viel-

KLEINE PAUSE

Das **Moyo** (s. S. 81) unweit des Horne-Museums ist extrem schick, die Gäste sind trendy – und die Preise diesen Umständen angepasst. Zum Frühstück und zu Mittag werden in der American Bar empfehlenswerte „Light Meals“ serviert.

leicht sind im Palast von 1489 nicht die größten Meisterwerke versammelt, doch das eine oder andere Kleinod, umrahmt von der **stimmigen Einrichtung**, verdient einen Blick. Wertvollstes Objekt ist der „Heilige Stefan“, Teil eines Polyptychons von Giotto (Flügelaltar, um 1335).

Einer der Sammelschwerpunkte Hornes war Botticelli und so ist auch eine hölzerne Truhe zu sehen, die Filippino Lippi nach dessen Vorgaben bemalt hat. Zahlreiche Gegenstände des täglichen Bedarfes dokumentieren das Leben der Besserverdienenden im 14. bis 16. Jahrhundert.

› Via dei Benci 6, Tel. 055 244661, www.museohorne.it, Do.–Di. 10–14 Uhr, Eintritt 7 €

18 Santa Croce ★★★ [09]

Wieder heißt es Eintauchen in die Vergangenheit mit Protagonisten wie Giotto, Donatello und Michelozzo. Kirche und Museum besitzen einige der wertvollsten Werke der Stadt – und Grabmäler berühmter Italiener.

Die Franziskanerbasilika mit ihren zahlreichen Kapellen hat Arnolfo di Cambio ab 1294 erbaut. Ihr Äußeres allerdings geht auf die Mitte des 19. Jh. zurück, als man sie mit weißem und kontrastierendem Marmor verkleidete. Von der Nordseite der Kirche gelangt man ins Langhaus (116 m auf 38 m), das wie das Querhaus dreischiffig mit freiem Dach-

EXTRAINFO

Piazza Santa Croce

Die weitläufige Piazza (zweitgrößte der Stadt) ist noch **fest in der Hand der Einheimischen.** Die älteren Mitbürger sitzen schwatzend auf Bänken, die Kinder tollen herum oder fahren ein paar Runden auf dem Karussell, in Gruppen steht man beisammen und diskutiert. Und jedes Jahr treffen sich hier die Mannschaften und spielen die etwas abenteuerliche **florentinische Abart des Fußballs: il Calcio** (s. S. 93).

Im Rund stehen **prächtige Häuser und Paläste** wie der augenfällige Palazzo dell'Antella mit seinen allegorischen Fresken von Tugenden und Gottheiten aus dem Jahr 1619. Vor der Kirche Santa Croce erinnert ein Denkmal von 1865 an den großen Dichter Dante Alighieri.

stuhl ausgeführt ist. Das offene Konzept mit 14 runden Tragsäulen sorgt für eine **großartige Raumwirkung.** Entlang der Seitenschiffe und beidseits des achteckigen Chores **reihen sich die Kapellen auf.**

Gleich am Eingang beim Grabmal für den Staatskanzler Carlo Marsuppini (15. Jh., von Settignano) sieht man im Boden die **Grabplatte für Lorenzo Ghiberti.** Am westlichen Ende des linken Seitenschiffs befindet sich das **Grabmal von Galileo Galilei** (1737). Ihm gegenüber im rechten Seitenschiff wurde **Michelangelo Buonarroti** begraben, seine Kapelle zeichnete Vasari (1564). Drei Allegorien sitzen auf dem Podest vor dem Sarkophag als Sinnbilder für die drei Tätigkeitsfelder Michelangelos: Architektur, Bildhauerei und Malerei. Gleich daneben **erinnert ein Scheingrab an Dante** (1829). Die Marmorkanzel von Benedetto da Maiano (1472–76) an der dritten Säule zeigt eine Reliefbildfolge zum Leben des hl. Franziskus und die fünf Tugenden.

Nächste Station ist das **Grab von Niccolo Macchiavelli** (1469–1527, errichtet 1787), der als Staatsphilosoph die Politiker von Moral und Sitte freistellte. In Höhe der nächsten Säule ist das Tabernakel „Die Verkündigung" zu sehen (von Donatello, 1435). Eine Säule weiter wurde der Komponist Gioacchino Rossini (1792–1868) 1887 beerdigt. Mit dem Grabmal für den Staatskanzler Leonardo Bruni (1450) war der Künstler Bernardo Rosselino Wegbereiter für die Grabmalkonzeption der Renaissance.

Den Abschluss des linken Seitenschiffes bildet die **Cappella Castellani** mit Fresken von Agnolo Gaddi (1380) und Robbia. Am Kopf des rechten Seitenschiffes zeigt die **Cappella Baroncelli** Fresken von Taddeo Gaddi, dem Vater Agnolos (1338): „Das Leben Marias" in der Tradition von Giotto. Die Fresken der Cappella Velluti am rechten Ende der Chorwand gehören zu den frühesten Werken in der Kirche. Die Malereien in der vierten Kapelle **(Cappella Peruzzi)** gehören zu den schönsten Giottos (Johannes der Täufer und Evangelist) und wurden erst 1860 wiederentdeckt. Auch in der letzten vor dem Hauptaltar **(Cappella Bardi)** hat sich Giotto mit einem Zyklus zum Leben des heiligen Franziskus (1320) verewigt.

Am Ende des rechten Querschiffs führt der Weg durch ein Portal von Michelozzo in die **Sakristei** mit einer wertvollen Renaissanceeinrichtung und einem Gemälde von Taddeo Gaddi. In der Chorkapelle (Cappella Rinucci) kann man Fresken Giovanni di Milanos von 1365 sehen (ein

Schüler Gaddis). Am Ende des Korridors liegt die **Cappella de Medici** von Michelozzo mit Werken von Andrea del Robbia (1480). Die Chorkapelle in der Apsis wurde von Agnolo Gaddi 1380 gestaltet, an sie schließt die Cappella Tosinghi mit schönen Glasfenstern an. Am Ende des linken Seitenschiffes ist in der Cappella Bardi das **Kreuz des Donatello** zu sehen, das Brunelleschi wegen der bäuerlichen Züge des Heilands für nicht besonders gelungen hielt und das ihn zu einer bahnbrechenden Kreuzgestaltung für Santa Maria Novella ❷ inspirierte.

Um in das zugehörige **Museum** zu gelangen, nimmt man den Kreuzgang rechts der Hauptfassade: An seinem Ende errichtete Brunelleschi 1430–64 die wegweisende **Pazzi-Kapelle**, ein griechisches Kreuz mit Tonnengewölben, Flachkuppeln und einer Vorhalle mit Kuppel, im ehemaligen **Refektorium** war das Abendmahlfresko von Taddeo Gaddi (1340) mit 120 m² jahrhundertelang unter Putz versteckt, das bemalte Kreuz von Cimabue (um 1280) misst 3,90 x 4,30 m und die 2,66 m hohe vergoldete Bronze „S. Ludovico di Tolosa" stammt aus der Hand Donatellos (1423).

Insgesamt **drei Kreuzgänge** verbergen sich hinter den Mauern des Klosters. Der Chiostro di Arnolfo entstand zusammen mit dem Refektorium und heißt als Begräbnisstätte auch „Kreuzgang der Toten". Der Chiostro di Brunelleschi stammt von 1453 (ihn hat Bernardo Rossellino fertiggestellt) und der „alte Kreuzgang" – intim und versteckt – geht auf die Mitte des 13. Jh. zurück.

Auch ein Besuch der **Scuola del Cuoio** in einem Flügel des Franziskanerklosters ist interessant. Nach dem Zweiten Weltkrieg haben Klosterbrüder die Schule des Lederhandwerks für Waisenkinder gegründet. Bei der Besichtigung bekommen Besucher einen Überblick über die komplexen Techniken der traditionellen Lederverarbeitung und können im Laden qualitativ hochwertige Lederwaren wie Gürtel und Taschen erwerben.

› **Chiesa und Museo dell'Opera di Santa Croce,** Piazza Santa Croce 16, Eingang für Individualtouristen Largo Bargellini (bei der Kasse), Tel. 055 2466105, Onlinebuchung unter www.santacroceopera.it, Mo.–Sa. 9.30–17, So. 14–17 Uhr, Eintritt 8 € (Kirche, Kreuzgänge, Pazzi-Kapelle, Refektorium und Museum)
› Messen: Mo.–Sa. 9 u. 18 Uhr, So. 9.30, 11, 12 u. 18 Uhr
› **Scuola del Cuoio,** der Eingang liegt an der Via San Giuseppe 5/R, Tel. 055 244533, www.leatherschool.biz, tgl. 10–18 Uhr, Eintritt frei

⓳ Casa Michelangelo Buonarroti ★ [P8]

Auch wenn Michelangelo selbst hier nie gewohnt hat: Die ausgestellte Kunstsammlung und die – wenn auch wenigen – Werke des Meisters machen dieses Haus zu einem Wallfahrtsort.

Michelangelo kaufte für seine Verwandten ein Grundstück, die es Ende des 16. Jh. bebauten. Als der letzte Buonarroti 1858 starb, fielen Sammlung und Gebäude in den Besitz der Stadt. Im Erdgeschoss ist die **Kunstsammlung der Familie Buonarroti** ausgestellt, die Michelangelos Großneffe (1568–1647) und Namensvetter zusammengetragen hat. Neben Bildnissen des großen Meisters sind archäologische Fundstücke zu sehen.

Große Bereiche der ersten Etage wurden von Michelangelos Groß-

042fl Abb.: sk

neffen – auch er Künstler – gestaltet. Werke Michelangelos: „Madonna della Scala", „Schlacht der Kentauren" und Zeichnungen. Im San-Lorenzo-Saal stehen ein nicht realisiertes Holzmodell der Fassade von San Lorenzo und ein unfertiges Tonmodell eines Flussgottes. Ein weiterer Saal zeigt Michelangelo-Porträts, die über die Jahrhunderte gemalt wurden.

› Via Ghibellina 70, Tel. 055 241752, www.casabuonarroti.it, Mi.–Mo. 10–17, Winter 10–16.30 Uhr, Eintritt 6,50 €

20 Mercato di Sant'Ambrogio ★ [P8]

Der zweite Innenstadtmarkt ist nicht so spektakulär wie der Mercato Centrale, wird dafür aber auch von weniger Touristen besucht.

In der Markthalle gibt es fast alles zu kaufen, was man essen kann, nur eben **weniger Hektik** und eine kleinere Auswahl (speziell bei Meeresgetier und exotischeren Delikatessen). Da der Markt auf die Haushalte in der direkten Umgebung ausgerichtet ist, werden die Auslagen nicht so kunstvoll drapiert, zudem ist um die Mittagszeit das Angebot schon recht reduziert. Wer ein warmes Essen möchte, geht ab 11 Uhr zu **da Rocco** und wählt eines der fertig zubereiteten Gerichte aus. Man kommt, sieht und isst – schneller gehts nicht und auch nicht günstiger.

› Piazza Ghiberti, www.mercatosantambrogio.it, Mo.–Sa. 7–14 Uhr

21 Synagoge und Jüdisches Museum (Sinagoga e Museo Ebraico) ★ [P8]

Die Sinagoga im maurischen Stil stand einst mitten im Getto. Das Getto riss man Mitte des 19. Jh. ab, das Bethaus jedoch blieb und dient heute noch den in Florenz lebenden Juden.

Das Getto von Florenz entstand unter Cosimo I. und bestand bis zur Mitte des 19. Jh. Ab 1396 war es Juden erlaubt, in der Stadt Geldgeschäfte zu tätigen, und 1437 erkannte man die jüdische Gemeinde offiziell an. Als Savonarola die Medici aus der Stadt zwang, mussten die Juden ihnen folgen, die Medici hoben den Bann nach ihrer Rückkehr auf. 1571 erhielt die jüdische Gemeinde eine erste Synagoge, Ende des 16. Jh. folgte eine zweite. Erst unter Napoleon erhielten

Michelangelo ist mit seinen Werken allgegenwärtig, sein Bildnis steht in den Uffizien 29

Die prächtige Synagoge 21 *verbreitet orientalisches Flair*

die Juden Bürgerrechte und durften außerhalb des Gettos wohnen. 1814 machte man dies wieder rückgängig, 1848 riss man dann sogar das Getto und die Synagogen im Zuge der Stadterneuerung ab. 1861 erhielten die Florentiner Juden vom italienischen König erneut die Bürgerrechte.

1874–82 erbaute man die **neue Synagoge in Anlehnung an die Hagia Sophia** in Istanbul. In den 1930er-Jahren lebten 3000 Juden in der Stadt, nach der Einnahme durch die deutsche Wehrmacht begannen am 6. November 1943 Deportationen, im Zuge dessen wurde die Synagoge schwer beschädigt. Heute leben noch etwa 1000 jüdische Bürger in Florenz. Das Museum zeigt **liturgische Objekte** aus dem zerstörten Vorgängerbau und anderen italienischen Synagogen.

› Via Farini 6, Tel. 055 2346654, www.firenzebraica.it, So.–Do. 10–17.30 Uhr (Winter bis 15 Uhr), Fr. 10–15 Uhr, Eintritt 6,50 €

22 Archäologisches Museum (Museo Archeologico Nazionale) ★★ [07]

Im 1620 erbauten Palast der Großherzogin Maria Magdalena von Österreich ist seit 1880 eine der weltweit bedeutendsten etruskischen Sammlungen zu sehen.

Die Basis für das Museum bildeten die Sammlungen der Medici und der Lothringer Fürsten, die man aus den Uffizien 29 hierher brachte. Die **Funde aus etruskischer Zeit** machen den Löwenanteil aus.

Eines der Highlights der Ausstellung ist die 80 cm hohe, bronzene **„Chimäre von Arezzo"**: Sie wurde 1553 ausgegraben und von Cosimo I. sofort seiner Sammlung einverleibt. Sie wird auf das 5. Jh. v. Chr datiert. Vorne ist sie Löwe, in der Mitte Ziege und hinten Schlange. Die 1845 bei Chiusi entdeckte, damals noch intakte **„Françoisvase"** (benannt nach

043fl Abb.: sk

ihrem Finder) in der Vasenabteilung gilt als eines der schönsten Werke attischer Keramik. Die Bemalung erfolgte im 6. Jh. v. Chr. in schwarz und zeigt zahlreiche Inschriften und Bilder (darunter „Siegesreigen des Theseus", „Hochzeit des Peleus", „Tötung von Troilos durch Achill"). Die Sprünge entstanden 1900, als sie ein Museumsangestellter in 637 Scherben zerschlug. Den „Idolino", die Ehrenstatue eines Athleten, hat man 1530 bei Pesaro gefunden. Wurde sie früher als Original aus dem 5. Jh. v. Chr. eingeschätzt, gilt sie heute als im Alten Rom hergestellte Kopie. Die Ägyptische Abteilung zeigt Papyrusrollen, Sarkophage und natürlich Mumien.

› Piazza Santissima Annunziata 9b, Tel. 055 23575, Di.–Fr. 8.30–19 Uhr, Mo./Sa./So. 8.30–14 Uhr (2. und 4. So. im Monat geschl.), Eintritt 4 €

23 Piazza und Kirche Santissima Annunziata ★★ [07]

Der Platz gehört zu den schönsten der Stadt, nicht nur wegen der klaren Linien der Gebäude, sondern weil er sich dem Trubel in der Stadt zu entziehen vermag.

Keine Geschäfte, keine Lokale, keine Cafés, keine Buden, hingegen entspanntes Verweilen auf den Stufen vor den Arkadengängen. Am 25. März aber, dem Tag von Mariä Verkündigung, ist alles anders, die **Festa SS. Annunziata, religiöses und Volksfest in einem**, tobt über den Platz (s. S. 92).

An der Nordseite des Platzes steht das 1421 gegründete und von Filippo Brunelleschi erbaute **Ospedale degli Innocenti**, in dem früher die Waisenkinder eine Heimat erhielten. Die Medaillons zwischen den Arkadenbögen von Andrea della Robbia verweisen auf die ursprüngliche Bestimmung. Das **Museo degli Innocenti** (s. S. 63) in seinen Räumen stellt wertvolle Gemälde, Mobiliar und Skulpturen aus, die teils in Bezug zu seiner früheren Funktion als Waisenhaus stehen.

Auf alle Fälle sollte man einen Blick in die Chiesa SS. Annunziata werfen, die sich von außen ausgesprochen bescheiden zeigt und kaum als Gotteshaus zu erkennen ist. Die Mutterkirche des 1234 von Florentiner Adligen gegründeten Servitenordens hat Michelozzo 1444 umgestaltet, um ein **passendes Gotteshaus für das Bildnis der Jungfrau Maria** zu schaffen, das 1252 von einem Mönch des Ordens begonnen und von einem Engel vollendet worden sein soll.

1447 baute man die Vorhalle Chiostrino dei Votivi an, um die zahlreichen Gaben an das wundertätige Bildnis auszustellen. Der **Freskenzyklus der Vorhalle** teils zum Leben des S. Filippo (um 1510) u. a. von Andrea de Sarto gehört zu den großen Sehenswürdigkeiten sakraler Kunst in der Stadt. Links des Eingangs (alle genannten sind von Sarto) finden sich „Erweckung eines toten Knaben durch Berührung" (mit Sartos Kollegen Andrea und Luca della Robbia im Bild), „Erweckung eines toten Knaben", in der Ecke „Austreibung des Bösen Geistes", dann „Blitzschlag über die höhnenden Spieler" und „S. Filippo kleidet einen Aussätzigen", in der Ostecke „Anbetung der Könige" (mit drei Florentinern, einer davon Sarto selbst), daneben „Geburt Mariä".

Das **einschiffige, barocke Haupthaus** endet mit dem von Michelozzo geplanten und von Alberti ausgeführten, pantheonartig mit Nischen und einer Kuppel versehenen Chorabschluss. Links des Chors steht in der Cappella del Crocifisso eine Tonskulptur von Michelozzo („Johannes der Täufer"). Das **wundertätige Marienbild** befindet sich in der Cappella dell'Annunziata gleich links hinter der Vorhalle, ein kleiner Tempel von Michelozzo mit korinthischen Säulen und verdecktem Marienbild (im 15. Jh. wohl übermalt). Es darf nur bei Marienfesten betrachtet werden.

Von der Fassadenarkade (linker Eingang) gelangt man in den **Kreuzgang Chiostro dei Morti.** An seiner Ostecke ist ein weiteres Meisterwerk von Sarto zu sehen: die „Madonna del Sacco" (1525), das die Heilige Familie auf der Flucht im Moment der Ruhe zeigt, den Josef nutzt, um sich auf einem Sack abzustützen.

- **Chiesa Santissima Annunziata,** Piazza SS. Annunziata, Tel. 055 266181, http://annunziata.xoom.it, tgl. 7.30–12.30, 16–18.30 Uhr, Eintritt frei
- Messen: Mo.–Sa. 7, 8, 9, 10, 11, 12 u. 18 Uhr, So. 7, 8.30, 10, 11.30, 13, 18 und 21 Uhr

24 Galleria dell'Accademia ★★★ [07]

Wer in die Akademie der feinen Künste geht, möchte vor allen Dingen Michelangelos „David" sehen, doch hat die Galerie noch wesentlich mehr zu bieten: einen profunden Überblick über das Kunstschaffen in der Stadt von Giotto bis Masaccio. Der Andrang ist groß, eine Reservierung daher sehr zu empfehlen.

Ihren Anfang nahm die Galerie mit Großherzog Peter Leopold, der 1784 als Vorlagen für die Studenten eine Reihe Gemälde zur Verfügung stellte. 1873 kam aus konservatorischen Gründen der berühmte „David" hinzu, im 20. Jh. wurden weitere Werke von Michelangelo in die Obhut der Akademie gegeben. Auch wer sich für Musik interessiert, wird fündig. Die **Instrumentensammlung** der Großherzöge zeigt u. a. eine Stradivari von 1716 und ein Cello von Niccolo Amati (1650). Auch die **Ikonensammlung** russischen Ursprungs im Obergeschoss ist sehenswert.

Nachdem die Signoria 1501 einen Marmorblock erworben hatte, sollte Leonardo da Vinci aus diesem eine Figur herausschlagen. Er begutachtete den Stein, nahm jedoch Abstand von dem Projekt. Daraufhin beauftragte man den 26-jährigen Michelangelo. 1504 war der **„David"** fertig – über 4 m hoch und über 5 Tonnen schwer. Ursprünglich für das Domgesims vorgesehen, stand die Skulptur fast 400 Jahre lang auf der Piazza della Signoria, bis er schließlich durch eine Kopie ersetzt wurde. Seit 1991 schützt ihn eine Glasbarriere, nachdem ein Fanatiker eine seiner Zehen mit dem Hammer malträtierte. Die erste Monumentalskulptur der Hochrenaissance besticht durch ihre Anmut, hat aber durchaus kämpferischen Charakter. David wird in der Bereitschaft gezeigt, mit der Schleuder Goliath zu töten – auch ein Sinnbild der Vorherrschaft des freien Bürgertums der Stadt.

An einem anderen in der Galleria del David ausgestellten (unfertigen) Werk kann man wunderbar die **Arbeitsweise Michelangelos** sehen: „Die Gefangenen". Er arbeitete sich in den Stein hinein, indem er mit einem Relief begann und nach und nach zur anderen Seite vorpirschte. Als Vorlage diente ihm immer ein Gipsmodell in der für die Figur vorgesehenen Größe, sodass Mitglieder seiner Werkstatt auch feinere Hauarbeiten ausführen konnten.

In den **Florentinersälen** seitlich der Galleria del David sind Gemälde des 15. Jh. zu sehen, in den Sälen im Obergeschoss Werke aus dem 13. und 14. Jh., darunter ein „Baum des Lebens“ aus den Händen Pacino di Bonaguidas (1310) und Werke von Taddeo Gaddi.

› Via Ricasoli 58–60, Tel. 055 2388609, www.polomuseale.firenze.it, Di.–So. 8.15–18.50 Uhr, Kassenschluss 18.20 Uhr, Eintritt 8 €, Online-Reservierungsgebühr 4 €, Sonderausstellungen extra

25 San Marco ★ [06]

Die Fresken des Dominikanerklosters malte der Mönch Giovanni da Fiesole, wegen seiner herrlichen Gemälde auch „Fra Angelico“ genannt – der „Engelgleiche“.

Von Giovanni (1387–1455) sagte man, dass er nie den Pinsel in die Hand genommen habe, ohne zu beten, und dass er nie den Gekreuzigten gemalt habe, ohne dass Tränen seine Wangen benetzten.

Die **kleine und einfache Kirche** geht auf das ausgehende 13. Jh. zurück, wurde aber von Michelozzo Mitte des 15. Jh. mit der Klosteranlage gänzlich umgestaltet und 1678 barockisiert. 100 Jahre später passte man die Fassade dem Umbau an. Man beachte das Gemälde „Madonna del Baldachino“ (1509) rechter Hand am zweiten Altar vom zweiten malenden Mönch des Klosters, Fra Bartolomeo.

Der Eingang des **Museums** liegt rechts der Kirche. Man gelangt unmittelbar in den Kreuzgang „Chiostro di Sant'Antonio“, von ihm in die Pilgerherberge, in der die Tafelbilder von Fra Angelico ausgestellt sind. In der Nordecke des Kreuzganges befindet sich Fra Angelicos Fresko „Hl. Dominikus am Fuße des Kreuzes“ mit einem Gekreuzigten, der das Aufopfernde symbolisiert. Fast an der Ostecke geht es in den **Kapitelsaal mit dem wichtigsten Werk Angelicos:** „Christus am Kreuz mit den Schächern“.

Im kleinen Refektorium ist das „Letzte Abendmahl“ von Domenico Ghirlandaio zu sehen, das er genau so auch für den Cenacolo di Ognissanti (s. S. 68) malte. Die Loggia und die mehr als **40 Klosterzellen** des Dormitoriums im Obergeschoss haben die Klosterbrüder unter Anleitung Fra Angelicos und auch er persönlich **mit Fresken geschmückt.** Jede Zelle hat ihr Thema, direkt an der Treppe befindet sich Fra Angelicos Fresko „Die Verkündigung“. Wer auf den Spuren Savonarolas wandelt: Seine Zelle und zugleich Erinnerungsstätte ist die Nr. 13 (außen ein Ablass Leos X.). Eindeutig Angelico zugeschrieben werden können die Zellen 1 (Christus vor Magdalena), 3 (Verkündigung), 6 (Verklärung), 7 (Verhöhnung), 9 (Krönung Mariä) und Zelle 10 (Tempeldarstellung).

Vom Dormitorium gelangt man in den von Cosimo beauftragten und Michelozzo entworfenen **Bibliothekssaal.** 22 filigrane ionische Säulen tragen die flachen Arkadenbögen und das tonnengewölbte Mittelschiff. Mit der Fertigstellung 1444 konnte die **erste öffentliche Bibliothek in Europa** ihre Pforten öffnen.

› **Chiesa und Museo di San Marco,** Piazza San Marco 3, Tel. 055 2388608, www.imuseidifirenze.it, Tel. 055 294883, Kirche: Mo.–Sa. 9.30–12 u. 16–17.30 Uhr, Museum: Mo.–Fr. 8.15–13.50, Sa./So. 8.15–16.50, jeden 1., 3. u. 5. So. im Monat sowie jeden 2. u. 4. Mo. im Monat geschl., Eintritt 4 €, Reservierungsgebühr 3 €, Sonderausstellungen extra

› Messen: Mo.–Sa. 7.30 u. 18 Uhr, So. 10.30, 11.30, 12.30 u. 18.30 Uhr

26 Botanischer Garten (Orto Botanico) ★ [06]

Einer der ältesten botanischen Gärten Europas wurde zur Anpflanzung von Heilkräutern angelegt.

1545 gründete Cosimo I. den *Giardino dei Semplici* („Garten der Heilkräuter") nach dem Vorbild der Gärten in Padua und Pisa. **Über 5000 Arten** wachsen auf den Freiflächen und in den Gewächshäusern, darunter mehrere Jahrhunderte alte Pflanzen wie beispielsweise eine Eibe, deren Schößling man 1710 einpflanzte.

Die Bepflanzung des im Besitz der Universität stehenden Gartens ist noch recht jung und bis das Arrangement der Flora seine volle Wirkung entfalten kann, dauert es naturgemäß seine Zeit. Dennoch ist der kleine Park mit seinen Bänken unter hohen Bäumen eine Pause wert.

Das angeschlossene **Museum der Botanik** ist mit über vier Mio. Teilen im Fundus das größte des Landes. Die historische Sammlung getrockneter Pflanzen geht auf das 16. Jh. zurück, die Wachsmodelle von Pflanzen und Früchten entstanden im 18. Jh. Bartolomeo Bimbi malte die ausgestellten Stillleben im 17. Jh.

› Via P. A. Micheli 3, Tel. 055 2757402, www.msn.unifi.it, Sommer Do.–Di. 10–19, Mitte Okt.–März Sa./So. 10–16 Uhr, Eintritt 3 €

› **Museo di Storia Naturale/Sezione di Botanica,** Via Giorgio La Pira 4, Tel. 055 2346760, Besuch nur geführt möglich und nur nach Voranmeldung

Der kleine botanische Garten 26 spendet im Hochsommer willkommenen Schatten

045fl Abb.: sk

27 Englischer Friedhof (Cimitero degli Inglesi) ★ [Q7]

Ein Spaziergang über den Friedhof führt an den Grabsteinen der Wahlflorentiner des 19. Jh. vorbei.

Der einzige protestantische Friedhof der Stadt war zwischen 1827 und 1877 in Benutzung. Hier haben bevorzugt Engländer eine letzte Ruhestätte gefunden. Mit dem Bau der Ringstraße um das Zentrum geriet der Friedhof auf eine Verkehrsinsel des Piazzale Donatello.

Die **Anlage ist wildromantisch**, die Inschriften geben einen Überblick über das kulturelle Leben in der Stadt, das Künstler, Schriftsteller und Denker aus ganz Europa anzog. In der kleinen Bibliothek am Eingang erfährt man Geschichten zu den Grabmälern und Bestatteten wie den Schriftsteller(inne)n Elizabeth Barret Browning oder Walter Savage Lander, aber auch zum deutschen Maler Friedrich Adolph Arnold, der 1862 31-jährig in Florenz verstarb – als Sachse natürlich Protestant.

› Piazzale Donatello 38, Tel. 055 582608, Mo. 9–12, Di.–Fr. 14–17 Uhr, Eintritt frei

Rund um die Piazza Signoria

Noch einmal heißt es eintauchen in Mauerwerk, Malerei und Menge. Nirgendwo in der Stadt wälzen sich die Massen so dicht wie auf der Piazza Signoria und um die Uffizien. Der Andrang ist gerechtfertigt, schließlich gibt es hier Kunst und Geschichte pur – und vor dem Palazzo Vecchio ist an Statuen alles versammelt, um die Herzen der Besucher zu betören.

28 Piazza della Signoria mit Palazzo Vecchio ★★★ [N9]

Das Forum der Republik, die Piazza Signoria, war, ist und bleibt das weltliche Herz der Stadt. Loggia della Signoria (Loggia dei Lanzi) und Palazzo della Signoria (Palazzo Vecchio), berühmte Skulpturen wie David und Judith mit Holofernes sowie der Neptunbrunnen sind dicht umlagert, Blitzlichter flammen auf, das Sprachengewirr ist babylonisch. Zu allem Überfluss grenzen auch die Uffizien an den Platz.

044fl Abb.: sk

Skulpturen vor dem Palazzo Vecchio

Vor dem Palazzo Vecchio steht an dessen südlichem Fassadenende die Figurengruppe ***„Herkules und Cacus“****, die von Baccio Bandinelli 1534 in Marmor gehauen wurde. Herkules, Sohn des Zeus, erschlägt Cacus, Sohn des Vulkanus. Bandinelli wollte mit seinem Werk* ***Michelangelos „David“*** *überbieten, was ihm nach Meinung der Florentiner nicht gelang.*

Nächste Skulpturengruppe ist ***„Judith und Holofernes“ von Donatello*** *(1460). Holofernes marodiert durch den Nahen Osten und Judith rettet ihre Stadt, indem sie Holofernes eine lange Nacht verspricht, ihn betrunken macht und ohne Furcht enthauptet. Aufgestellt wurde die Gruppe 1495 zur Erinnerung der „Befreiung“ Florenz' von Piero de Medici durch dessen Vertreibung.*

Vor dem Neptunbrunnen steht eine Kopie von Donatellos steinernem ***„Marzocco“*** *(1420, Original im Bargello-Museum (14)). Der 1,35 m hohe heraldische Löwe ist das Symbol der bürgerlichen Macht der Florentiner Republik. Den* ***„Neptunbrunnen“*** *von Bartolomeo Ammannati schließlich stellte man als Simulakrum aus Gips und Holz zur Hochzeit zwischen Francesco de Medici und Johanna von Österreich 1565 auf, erst zehn Jahre später wurde das eigentliche Werk fertig.*

Man ignoriere zunächst den imposanten Palazzo Vecchio und wende sich der Ostseite des Platzes und dem nach hinten gerückten, vierstöckigen **Tribunale di Mercatanzia** zu, der 1359 für die Selbstverwaltung der Stadtgilden gebaut wurde. Daneben steht der Palazzo della Condotta (13.–14. Jh.), an der Nordseite östlich der Via de'Cerchi der Palazzo Uguccioni (1559), der heute ein exklusives Hotel beherbergt, daneben die Casa del Garbo (12. Jh., im 19. Jh. umgebaut). Westlich der Via de'Cerchi stehen Palazzo und Casa Guidacci (jeweils 13. Jh. mit Umbauten im 19. Jh.) und der Palazzo Bombicci (18. Jh.). Vor der Gebäudezeile ist das **Reiterdenkmal Cosimos I.** von Giambologna (1595) aufgestellt.

Die **Loggia dei Lanzi** an der Südseite des Platzes wurde 1382 fertiggestellt. Die dem Platz zugewandte offene Halle war der Empfangsraum der Signoria und wurde auch Loggia dei Priori genannt. Der Name Loggia dei Lanzi kam erst im 16. Jh. auf, als in der Halle deutsche Landsknechte, Lanzenträger, für Cosimo I. Wache standen. Die Baumeister Simone Talenti und Benci di Cione entwarfen eine **antikisierende, beispielhafte Festhalle** mit drei mächtigen Rundbögen auf hohen, stark gegliederten Pfeilern. Die Medaillons an der Außenseite zeigen die sieben theologischen Tugenden. Zwei Löwen flankieren den Treppenaufgang. Unter dem linken Bogen triumphiert der in Bronze gegossene Perseus über die Meduse. Der rechte Bogen schützt die Marmorgruppe „Raub der Sabinerinnen“ von Giambologna (1583).

Den **Palazzo Vecchio, eine Burg der bürgerlichen Freiheiten**, entwarf Ar-

◁ Die Piazza Signoria mit ihren Statuen ist einer der attraktivsten Plätze der Stadt

KLEINE PAUSE

Pause in exklusiver Lage

Das **Rivoire** (s. S. 82) in exklusiver Lage auf der Piazza Signoria macht das Beste genau daraus. Die Preise sind phänomenal – also besser nur etwas trinken. Oder vielleicht doch ein süßes Eckchen?

nolfo di Cambio zwischen 1299 und 1314, Michelozzo baute ihn 1454 im Stil der Frührenaissance um. Weitere Umbauten 1490 und 1593 gaben ihm sein heutiges Aussehen. Für den **94 m hohen Turm** nutzte man die Fundamente des Turmes des abgebrochenen Palazzo Foraboschi, was seine seitliche Lage erklärt. Unterhalb des Wehrgangs sind die Wappen der Toskana als Fresken zu sehen. Im Palast wohnten die Medici nur kurze Zeit. Sie zogen in den Palazzo Pitti um und der Palazzo della Signoria erhielt den Namen „Alter Palast".

Im Inneren des Palastes sind die Prachträume – die **Quartieri Monumentali** – zu besichtigen. Man gelangt im Parterre in den mit weißem und vergoldetem Stuck verzierten, mit Fresken ausgestatteten Innenhof und in den Waffensaal, der einzig erhaltene Raum des 14. Jh. In der ersten Etage ist besonders der **Salone dei Cinquecento (Saal der 500)** zu beachten, ein Saal mit über 1000 m² Fläche für den Rat der Stadt. Seine Decke schmücken allegorische Darstellungen und Bilder aus dem Florenz der Medici, die Wände Fresken mit Schlachtenszenen. Von Michelangelo stammt die Figur auf der anderen Seite des Eingangs: „Genius des Sieges" (1534). Direkt gegenüber erinnert eine Plastik von Giambologna an den Sieg über Pisa. Das Podest teilt den Bereich ab, der als „Udienza", als Audienzsaal, genutzt wurde.

Auch in das **Studiolo di Francesco I** sollte man unbedingt einen Blick werfen. Über 30 Künstler haben die **fensterlose Studierkammer** nach Plänen Vasaris im Stil des Manierismus ausgestattet (1574). Vasari hat auch die anschließenden Zimmer geplant und einen Großteil ihrer Gemälde geschaffen.

In der zweiten Etage sollte man keinesfalls das Gemälde **„Allegorie der Erde"** (Vasari, 1557) im Hauptsaal des **Quartiere degli Elementi** versäumen. Die weiteren Räume tragen Götternamen (u. a. Herkules und Jupiter), liegen direkt über den den einzelnen Medici zugeordneten Zimmern der Etage darunter und setzen so die Fürstenfamilie gewollt in Beziehung zum Olymp. Die anschließende Loggia des Saturn erlaubt einen Blick über den Arno zum Piazzale Michelangelo 41.

Jenseits der Sala dei Cinquecento liegt das **Quartiere di Eleonora di Toledo**, der ersten Frau Cosimos I., mit u. a. Schreib- und Speisezimmer, Grünem Salon und einer intimen Kapelle (1540 ausgemalt von Bronzino). In der **Sala dell'Udienza** an der nordwestlichen Ecke des Palastes versammelten sich die Zunftoberen. Die Kassettendecke schuf Giuliano da Mariano (1476), die Fresken Checchino Salviati (1548), eines seiner Hauptwerke. Das Bildwerk der anschließenden **Sala dei Gigli**, des Liliensaals, wird von dieser Pflanze dominiert. Das Fresko der hl. Zenobio, Stefano und Lorenzo schuf Ghirlandaio, der die ganze Wand mit aufgemalten Pfeilern und Bögen strukturierte.

Die Uffizien sind leider nur am späten Abend entvölkert

› **Palazzo Vecchio mit Quartieri Monumentale,** Piazza della Signoria, Tel. 055 2768325, Museum: Do. 9–14, Fr.–Mi. April–Sept. 9–23, Winter 9–19, Turmbesteigung: Do. 9–14, Fr.–Mi. April–Sept. 9–21, Winter 10–17 Uhr, Eintritt Museum 10 €, Turmbesteigung 10 €, Kombiticket Museum/Turm 14 €

29 Uffizien (Galleria degli Uffizi) ★★★ [N9]

Der ursprüngliche Verwaltungssitz der Medici beherbergt heute die weltberühmte Galleria degli Uffizi, das meistbesuchte Ziel der Stadt.

Für die Uffizien sollte man sich Zeit nehmen und lieber zweimal hingehen. Die schiere Masse hochklassiger Kunstwerke erschlägt fast jeden. Durch die Umbaumaßnahmen in den Uffizien, bei denen die Bilder nun in Kontexte gestellt werden, wird man auch intellektuell anders gefordert. Schon das Gemälde **„Frühling" von Botticelli** verlangt, bei angemessener Würdigung, viel Zeit. Nicht nur wegen des Detailreichtums (auf der Wiese sind über 190 unterschiedliche Pflanzenarten vertreten), es ist auch eine Allegorie im Sinne einer neoplatonischen Philosophie. Zephyr, Gott des Westwindes und Symbol für den Geist der Welt, vereinigt sich rechts im Bild mit der Nymphe Chloris und wandelt sie zu Flora, Sinnbild des Frühlings, die im Monat der Venus, die zentrale Gestalt und Göttin der Liebe, die Welt zu einem Blütenmeer macht. Über der Venus schwebt Cupido als Eros und als Kind der Venus und des links im Bild aufscheinenden Merkur. Die drei Grazien vermitteln als Gefolge der Venus kompositorisch zwischen den beiden und stehen für die selbstlose Liebe. Interpretiert wird das Bild als die Darstellung der Entwicklung von aktivem Dasein zum betrachtenden. Doch hat das Bild auch einen konkreteren Hintergrund: Es entstand zur Hochzeit von Lorenzo de Medici mit Semiramide Appiani 1482 und gilt als Hinweis an Lorenzo, sich in seinem Leben auf den übernatürlichen Ursprung zu be-

KLEINE PAUSE

Snack im Kunsttempel

Die Terrasse der Loggia der Uffizien eignet sich ausgezeichnet für eine kleine Pause. Während der Öffnungszeiten der Galerie kann man hier zwischen zwei Museumsgängen bei einem Espresso oder einer kleinen Mahlzeit über die Stadt blicken.

sinnen, nicht nur Handelnder zu sein, sondern auch Erkennender.

Die „**Heilige Familie**" malte Michelangelo um 1507, die Umrahmung entwarf er selbst. Voll Anmut konzentrieren Maria und Josef ihre Blicke auf das Jesuskind, geradezu perfekt sind die Bewegungen eingefangen und geben dem Bild eine unglaubliche Dynamik. Maria hat ihr Buch in den Schoß gelegt und nimmt das Kind von Josef entgegen. Unterschiedliche Interpretationen sind über die Jahrhunderte vorgenommen worden. So kann man die Hintergrundfiguren als Sinnbild der Antike deuten, die zentrale Familiengruppe als Symbol für die katholische Kirche. Auch könnte der Hintergrund für die Zeit vor Moses stehen, mit dessen Gesetzestafeln das Recht auf die Welt kam, Maria und Josef stünden demnach für die Zeit bis zu Christi Geburt, als die Menschen unter dem Gesetz standen und das Kind selbst ist dann das Symbol für die Zeit „unter der Gnade" *(sub gratia)*, als die Menschheit durch das Opfer erlöst wurde.

Der lange schmale Platz der Uffizien **wirkt wie ein Saal**, schon das Skulpturenwerk in den Nischen der beiden Arkadengänge ist eine gewaltige Ouvertüre für die Reise in die Vergangenheit. Am Arno schließt der Komplex mit einer die beiden Flügel verbindenden Loggia ab, an der Piazza della Signoria 28 endet der westli-che Flügel in der Loggia dei Lanzi, de östliche ist mittels eines Übergang mit dem Palazzo Vecchio verbunden.

Als die Medici den Palazzo Vecchi bezogen, musste **Platz für die Verwaltung** gefunden werden und man begann 1560 unter der Leitung Vasaris mit dem Bau der „Büros". 1580 wa der Komplex fertig (nach dem Toc Vasaris von Buontalenti fortgeführt und die Medici in den Palazzo Pitti 37 umgezogen, den nun ein Wandelgang über den Ponte Vecchio 31 und die Uffizien mit dem Palazzo Vecchio verband (s. „Der Vasari-Korridor" S. 48). Schon zu dieser Zeit kam in den Uffizien auch die **Kunstsammlung der Medici** unter.

Der Eingang befindet sich im Ostflügel nahe dem Palazzo Vecchio. Vom Vestibül gelangt man in die zweite Etage mit der Kartenkontrolle. Hier beginnt die Besichtigung entlang der durchnummerierten Säle (sie endet mit Saal Nr. 99). Die Beschreibung folgt der Nummerierung, die nicht notwendigerweise der Reihenfolge des Zutritts entspricht, und greift nur einige Werke heraus. Außerdem befinden sich die Uffizien in einem Prozess der Umstrukturierung, der die Hängung stark beeinflusst (Zusammenfassung von Werken unter ein Thema oder eine Epoche).

Saal 1 (rechts) zeigt archäologische Funde, **Saal 2** (links) ist gleich ein erster Paukenschlag mit u. a. drei Madonnenbildern aus dem 13. Jh. von Giotto und Cimabue. In **Saal 3** hängen Werke aus dem Siena des 14. Jh. (Pietro Lorenzetti), in **Saal 4** aus dem von Giotto beeinflussten Florenz des 14. Jh. (unter anderem Giovanni da Milano und Gaddi), die **Säle 5 und 6** zeigen gotische Kunst (darunter Bellini), **Saal 7** stellt Werke der beginnenden Renaisance vor (Uccello, Masaccio, Frà Angelico, Piero della Francesca) und **Saal 8** Kunst des 15. Jh. (Filippo und Filippino Lippi).

Die **Säle 10–14**, einst das Theater der Uffizien, sind der zweite große Paukenschlag. Im Oktober 2018 ist die neue Hängung mit Werken vornehmlich von Botticelli der Öffentlichkeit präsentiert worden, darunter natürlich „Frühling" und „Venus". Aber über 30 weitere Meisterwerke erlauben einen direkten Vergleich des frühen mit dem späten Botticelli.

Saal 15 widmet sich Hugo van der Goes, **Saal 17** trägt ein Deckenfresko (Allegorie der Mathematik), **Saal 18** ist ein Repräsentationsraum – die Tribuna – mit antiken Skulpturen. Durch die **Säle 18–24**, vorbei an Mantegna, Bellini, Ghirlandaio, Piero di Cosimo und vielen weiteren Meistern des 15. Jh., geht es in den Westflügel und über die Säle 25–34 in **Saal 35** zu Leonardo da Vinci (seit Juli 2018 mit neuer Hängung). Alle drei Werke stammen aus der Frühzeit seines Schaffens, als er seine Ausbildung in der Florentiner Werkstatt von Verrocchio erhielt.

Saal 41 widmet sich Raffael und Michelangelo. Die elf Werke wurden im Juni 2018 zusammengeführt, um die gegenseitige Einflussnahme der beiden Meister zu verdeutlichen, die vier Jahre lang in Florenz parallel tätig waren. Michelangelos „Tondo Doni" flankieren deshalb zwei Gemälde von Raffael (alle drei hatten denselben Auftraggeber).

Durch den prächtigen **Niobe-Saal (Nr. 42)** mit 17 Statuen der Göttin der griechischen Mythologie gelangt man zu Dürer und weiteren Malern der nordeuropäischen Renaissance in **Saal 45**.

Nun wechselt man in die **erste Etage** und durchwandert die Säle mit Andrea del Sarto, Pontormo, Vasari, Giorgione und vielen anderen und gelangt in **Saal 83** zu Tizians Gemälden, darunter die „Venus von Urbino" und „Flora".

Im Jahr 2018 neu eröffnet wurden auch die acht **Caravaggio-Säle** am Ende der Ausstellung (ab Saal 90) im Ostflügel der ersten Etage (auch mit Werken von Rubens, Rembrandt u. a.). Sie sollen in die Zeit der Medici entführen und den Zugang zu Idee und Ausführung ihrer Sammlung erleichtern, weshalb die Namen der Säle auch abstrakter Natur sind, wie „Zwischen Realität und Magie" mit der Symbolik der Malerei und „Caravaggio und Artemisia" mit biblischen Themen. Caravaggios „Medusa" ergänzen Gorgonenhäupter, seinen „Bacchus" ein Stillleben von Velázquez. Ein Raum ist Bildern vorbehalten, deren einzige Beleuchtung Kerzen bilden. **Saal 99** mit Rembrandt, Rubens und van Dyck steht für die Internationalität des 17. Jh., das zumindest in der Kunst europäisch ausgerichtet war.

› **Galleria degli Uffizi**, Piazzale degli Uffizi 6, www.uffizi.it, Tel. 055 294883, Di.–So. 8.15–18.50 Uhr, Kassenschluss 18.05 Uhr, Eintritt März–Okt. 20 €, Winter 12 €, Kombiticket mit Palazzo Pitti 37 und Giardino Boboli Sommer 38 €, Winter 18 €, Onlinereservierung angeraten (4 € Reservierungsgebühr)

KLEINE PAUSE

Stärkung bei den Uffizien

Das nahe der Uffizien gelegene **All'Antico Vinaio** (s. S. 80) lädt seit 1925 zu einem Gläschen Wein aus der Region ein. Zur Stärkung für die nächste Museumstour gibt es ein belegtes Brötchen oder Kutteln nach traditionellem Rezept – und das Ganze gar nicht mal so teuer.

30 Galileo-Museum (Museo Galileo) ★★ [N9]

Der Palazzo Castellani, in dem sich das Galileo-Museum befindet, bewahrt zahlreiche wissenschaftliche Geräte auf, darunter die Originalinstrumente Galileo Galileis, mit denen er die Bahnen der vier Jupitermonde verfolgte und sie nach den Medici benannte. Eine ganz spezielle Reliquie ist ein Knochen seiner Finger.

Der Palast am Arnoufer entstand im 14. Jahrhundert und war ab dem Jahr 1574 bis zur Entstehung des Königreiches Italien Sitz der Justizbehörde. Peter Leopold von Lothringen stiftete die Instrumentensammlung der Medici (15.–18. Jh.) und seines Stammhauses (18./19. Jh.). Die Geräte sind **thematisch geordnet:** Zeit und Raum, Geografie und Kartografie, Meteorologie, Mechanik, Optik, Magnetismus, Chemie und Pharmazie. Eine eigene Abteilung erinnert an Galileo Galilei, der zusammen mit den Medici Ferdinando II. und Leopoldo die Himmelskörper studierte.

Verschiedene Instrumente der Akademie der Wissenschaften, 1657 von den Medici gegründet, werden hier ausgestellt, darunter eine für Cosimo III. geschliffene Linse, mit der Faraday und Davy Sonnenstrahlen in einen Diamanten leiteten. Mit den ausgestellten Chirurgieinstrumenten möchte man weniger zu tun haben, vielleicht eher mit dem *Sangue del Drago* – Drachenblut soll ja kräftigend wirken.

› Piazza dei Giudici 1, Tel. 055 265311, www.museogalileo.it, Mi.–Mo. 9.30–18 Uhr, Di. 9.30–13 Uhr, Eintritt 10 €

Der Vasari-Korridor

*Dieser **Übergang zwischen Palazzo Vecchio und Pitti** entstand 1564 nach nur fünf Monaten Bauzeit und erlaubte den Medici, ungesehen und trockenen Hauptes über die Uffizien, oberhalb der Arno-Arkaden und über den Ponte Vecchio zwischen den beiden Palästen zu wechseln – ein Fußmarsch von einem Kilometer. Damit man sich dabei nicht langweilte, wurde der Korridor selbstverständlich mit Kunstwerken geschmückt, über 1000 Gemälde, darunter die berühmte **Galerie der Selbstporträts,** Werke von Rubens, Rembrandt und Velazquez.*

Derzeit ist der Zugang zum Korridor wegen Umbauten und konservatorischen Maßnahmen nicht möglich. Die Öffnung für das Publikum mit mindestens einer Führung täglich ist für 2019/2020 geplant.

•2 *[N9]* ***Corridoio Vasariano,*** *Piazzale degli Uffizi 6, ga-uff@beniculturali.it, Führungsdauer ca. eine Stunde, voraussichtlicher Eintritt ca. 50 €/Person*

31 Ponte Vecchio ★★★ [M9]

Seit mehr als 750 Jahren überspannt der Ponte Vecchio den Arno und ist nicht nur Verkehrsweg. Statt einer Brüstung erhielt die „Alte Brücke“ eine seitliche Bebauung, in deren Läden Gold und Silber schmerzgrell gleißend auf Käufer aus aller Welt warten.

Eine große Flut riss 1333 die Holzbrücke zwischen Zentrum und Oltrarno weg, zehn Jahre später war die neue Brücke fertig, vorsichtshalber aus Stein errichtet und mit einer **Randbebauung für Läden und Werkstätten** versehen. In drei Bögen überwindet sie den Fluss. Die Häuschen n ihren Rändern ragen beidseits veit hinaus, nur in der Mitte kann nan von zwei kleinen Plätzen über rno und Stadt blicken.

Über die Brücke führt auch ein ge- leckter Weg, der nur der Fürstenfa- nilie vorbehalten war, der **Vasari- Korridor** (s. S. 48). Ferdinando I. var im 16. Jh., wenn er in seinem Ge- heimgang zum Palazzo Vecchio wech- selte, vom Gestank der Schlachter und Gerber so genervt, dass er 1593 lie Pacht auf der Brücke drastisch er- nöhte. So konnte nur noch sehr ren- ierlicher Handel die Miete zahlen: Gold- und Silberläden, die noch heu- e die Brücke beherrschen.

Der Ponte Vecchio war die einzige Stadtbrücke über den Fluss, die im Zweiten Weltkrieg **nicht von der deut- schen Wehrmacht zerstört** wurde. Um den Abzug zu sichern, sprengte man allerdings die Gebäude an den Auffahrten und blockierte so die Brü- cke mit dem Schutt.

32 Santa Trinita ★ [M8]

Die älteste gotische Basilika der Stadt baute Niccolo Pisano um 1250, im 14. Jh. wurden Änderungen vorge- nommen. An ihrem Innenschmuck hat Ghirlandaio mitgearbeitet.

Die Kirche erhielt 1593 von Buon- talenti eine neue Fassade, 1884 fand eine Restaurierung statt. Die **Fresken in der Cappella Sassetti**, die zweite rechts des Hauptaltars, malte Ghir- landaio 1486. Sie stellen Szenen aus dem Leben des hl. Franziskus dar. Zu beiden Seiten des Altars hat er das Stifterehepaar kniend verewigt: Francesco Sassetti und Nera Corsi. Ihre Grabmäler hat Sangallo mit anti- kisierenden Ornamenten ausgeführt.

› Piazza Santa Trinita, Tel. 055 216912, tgl. 7–12, 16–19 Uhr, Eintritt frei
› Messen: Mo.–Sa. 7.30 u. 18.30 Uhr, So. 7.30, 11 u. 18.30 Uhr

Der Ponte Vecchio 31 ist eines der Hauptziele in der Stadt

33 Ponte Santa Trinita ★ [M9]

Dreimal wurde die Brücke Santa Tri- nita von den Fluten des Arno zerstört, ein weiteres Mal – im Zweiten Welt- krieg – durch die sich zurückziehende deutsche Wehrmacht.

1252 legt man das erste Mal den Grundstein für eine Holzkonstruktion, sieben Jahre später war diese einge- brochen, weil zu viele Menschen auf ihr standen. 1333 und 1557 spülte Hochwasser sie weg. Daraufhin wollte Cosimo I. eine haltbarere Bauweise und beauftragte Bartolomeo Ammanati, der eine ganz neue Konstruktion wagte.

Die drei Bögen erhielten eine elliptische Form, die die Kräfte elegant auf die zwei Tragpfeiler und das Ufer ableitet. Gewonnen wurde die Form durch die Anschauung einer durchhängenden Kette, die der Schwerkraft an jedem Punkt ideal gegenwirkt. Ammanati kehrte nur das untere nach oben und gewann so eine stabile Statik und eine **damals bahnbrechende, sehr flache Silhouette.** 1570 war die Steinbrücke fertig. Modernen Sprengstoffen konnte sie aber nicht standhalten, sie kollabierte am 4. August 1944, wurde allerdings 1958 im alten Stil wiedererrichtet.

049fl Abb.: sk

34 Giardino Torrigiani ★★[K10

Unglaublich, aber wahr: Zwei Fam lien des weit verzweigten Adelsge schlechts der Torrigiani besitzen ir Herzen von Florenz einen knapp sie ben Hektar großen Park und dam Europas größten in Privatbesitz be findlichen Garten in einer Stadt.

Diesen teilen sie seit einiger Zei mit Besuchern, die Marchese unc Marchesa Torrigiani freundlich unc kundig über das Anwesen führen (au Italienisch oder Englisch).

Die Anfang des 19. Jahrhunderts als englischer Landschaftsgarter gestaltete Anlage erfreut mit dem kunstvollen Miteinander scheinba unberührter Natur und romantisie render Architektur mit teils esoteri scher Bedeutung. Auch der **Pflan zenreichtum**, besonders die Vielfal exotischer Baumriesen, ist eindrucks voll. Der 22 m hohe Turm beherberg eine Sammlung astronomische Instrumente.

Den neogotischen **Turm** konstruierte Gaetano Baccani, der auch für der Glockenturm von Santa Croce 18 verantwortlich zeichnete. In die oberste Etage gelangte man nicht nur per Treppe, sondern auch mit einem mechanischen Stuhl, der von Flaschenzügen bewegt wurde.

› Via dei Serragli 144, Tel. 055 224527, www.giardinotorrigiani.it, Anmeldung unter info@giardinotorrigiani.it, Spende erbeten

Herrliche Fresken aus dem 15. Jh. in der Cappella Brancacci 35

Südlich des Arno

Oltrarno, „die andere Seite des Arno", ist merklich ruhiger als ihr Gegenüber. Hier ist Florenz ein bisschen wie in vergangenen Zeiten: In den Werkstätten werden Traditionen gepflegt, das Sortiment der Läden ist nicht nur auf Touristen abgestellt, Künstler finden Ateliers zu erträglichen Mieten und in den Gärten und Parks sind die Florentiner in der Überzahl. Aber auch in Oltrarno begibt man sich im Palazzo Pitti und in seinen Museen auf Kunstreise. Das ganze Viertel ist gut zu Fuß zu entdecken, nur den Anstieg zum Piazzale Michelangelo wird man vielleicht in die Morgen- oder Abendstunden legen, wenn es nicht so heiß ist.

35 Santa Maria del Carmine mit Cappella Brancacci ★★★ [K9]

Nicht die barock ausgestattete Kirche selbst, sondern die herrlich ausgemalte Brancacci-Kapelle, die aus konservatorischen Gründen immer nur wenige Besucher gleichzeitig betreten dürfen, ist das Ziel.

Die Karmeliterkirche wurde 1268 erbaut und nach einem Brand 1771 erneuert. Nur die Sakristei und die Brancacci-Kapelle überdauerten die Flammen. Die Kapelle, ursprünglich über das rechte Seitenschiff zu betreten, erreicht man nun rechts der Kirche über den Kreuzgang.

Ihre **beeindruckenden Fresken** stiftete ein reicher Seidenhändler 1424 und er gewann erst Masolino und dann Masaccio für die Arbeit, Filippino Lippi hat die Malerei schließlich um 1475 im unteren Bereich vollendet. Heute wird Masolino nur die Petruspredigt im oberen linken Kopfbereich der Kapelle zugeschrieben, den Rest der oberen Fresken führte Masaccio aus ebenso wie die kopfseitigen unteren Fresken. **Bestechend ist der Realismus**, in dem die Figuren dargestellt sind, mit Licht und Schatten wird ihnen zu einer unvergleichlichen Perspektive verholfen. Man beachte insbesondere die Vertreibung aus dem Paradies oder auch die Almosengabe des Petrus (rechte untere Kopftafel).

› **Cappella Brancacci,** Piazza del Carmine, Tel. 055 2382195, Mo. u. Mi.-Sa. 10-17, So. 13-17 Uhr, Eintritt Mi.-Fr. 6 €, Sa.-Mo. (mit Fondazione Salvatore Romano) 7 €

› Öffnungszeiten Kirche: Mo., Di., Do. und Fr. 9-12 Uhr, Mi., Sa. 10-12 Uhr, So. 9-9.45 und 11-11.45 Uhr

EXTRAINFO

Porta San Frediano [J/K8]

Zehn Fußminuten von Santa Maria del Carmine im Nordwesten am Borgo Frediano steht das **wuchtige Überbleibsel der Stadtmauern**, ein hohes Tor von 1334 mit gewaltigen, 13 m hohen Türflügeln. Durch sie verließ man die Stadt in Richtung Pisa. An der stadtzugewandten Seite ist das Medici-Wappen in Marmor zu sehen, an der Außenwand wurden an den unteren Eisenringen Pferde festgemacht, in die oberen Fackeln gesteckt.

36 Santo Spirito ★★ [L9]

Die Piazza Santo Spirito ist einer der charmantesten Plätze der Stadt: überschaubar, nicht zu hektisch, mit schattigen Bänken und netten Lokalen, die die Ragazzi anlocken.

Die Kirche besticht mit ihrer **einfachen Fassade** im Norden des Platzes. Brunelleschi zeichnete die urspünglichen Pläne, doch sein Tod brachte andere Baumeister, die nicht alle Vorgaben Brunelleschis erfüllten. 1481 war der Bau fertig, der Glockenturm kam zu Beginn des 16. Jh. hinzu.

Die Fassade entstand im 18. Jh. Santo Spirito ist eine dreischiffige Säulenbasilika mit einem ebenfalls dreischiffigen Querhaus. Der Hauptaltar befindet sich nicht im Chor, sondern im Schnittpunkt von Haupt- und Querhaus, sodass an den Außenwänden den rundum Platz für 38 halbrunde Nischenkapellen entstanden ist.

Wichtigstes Werk der **reich ausgestatteten Kirche** ist im rechten Querschiff an der Abschlusswand (zweite Kapelle von links) Filippino Lippis „Sacra Conversazione“ von 1490 mit der Madonna mit dem Kinde, Heiligen und Mitgliedern der Familie Nerli, die die Kirche stifteten. Über das linke Seitenschiff gelangt man in die Sakristei, ein Zentralkuppelbau von Giuliano da Sangallo (1492). Das Refektorium des ehemaligen Klosters – das **Museum Fondazione Salvatore Romano** – ist über einen separaten Eingang zugänglich. Seine gesamte Ostwand nimmt ein Fresko von Andrea Orcagna ein (13. Jh.)

› **Chiesa Santo Spirito,** Piazza S. Spirito, Tel. 055 210030, Mo./Di./Do.–Sa. 10–12.30 und 16–17.30 Uhr, So. 16–17.30 Uhr, Eintritt frei

› **Fondazione Salvatore Romano,** Sa.–Mo. 10–16 Uhr, Eintritt 4 €, Kombiticket mit Cappella Brancacci 7 €

KLEINE PAUSE

Das **La Cité Libreriacafé** (s. S. 87) ist nicht nur Buchhandlung, sondern auch Kaffeehaus, das von einem Kollektiv mit Anspruch geleitet wird – das Kulturleben soll befördert werden. Ein guter Anlaufpunkt, um ins Stadtleben einzutauchen.

37 Palazzo Pitti mit Boboli-Garten ★★★ [M10]

1457 für einen Geldhändler gebaut, 1549 Sitz der Medici, dann Residenz der italienischen Könige gilt der Pitti-Palast als bedeutendstes Vorbild des Renaissancestils. In seinem Inneren und dem angeschlossenen Boboli-Garten sind mehrere Museen zu finden sowie die Galleria Palatina, eine der weltweit schönsten Sammlungen.

Palazzo Pitti

Luca Pitti ließ den Palast von Brunelleschi entwerfen. Als der Architekt starb, war nur der heutige Mittelbau vollendet. Nach der Übernahme durch die Medici wurde Ammannati 1560 beauftragt, das Gebäude zu erweitern und den Park anzulegen. Er entwickelte den Palast zur Dreiflügelanlage. Mit der burgähnlichen Fassade aus roh behauenem Stein ist der Bau **in jeder Hinsicht kolossal,** die massiven Portale des Erdgeschosses werden in den Fenstern der beiden Obergeschosse fortgeführt, durch die erhöhte Lage wirkt das Ganze noch massiger, noch unnahbarer.

1620 und 1640 kamen weitere Anbauten hinzu, 1783 entstanden die beiden der Straße zugewandten Seitenflügel. Seit 1828 ist die Kunstsammlung öffentlich zugänglich. Zwischen 1865 und 1871 lebte König Viktor Emanuele II. von Savoyen im Palast, bis 1946 blieb der Komplex im Besitz des Hauses Savoyen. 205 m ist die Fassade lang, über 30.000 m² Fläche verbergen sich dahinter. Um in den Garten und zu den Museen zu gelangen, betritt man den manieristisch geprägten Innenhof.

Die 26 Säle der **Galleria Palatina** befinden sich im linken Flügel der ersten Etage des Palastes. Hier sind die

Wände mit **Werken von Raffael, Tiziano, Correggio, Rubens, van Dyck, Pietro da Cortona** und weiterer Meister der Renaissance und des Barocks tapeziert. Die Gemälde sind nicht chronologisch arrangiert, hängen entsprechend ihrer Wirkung im Raum oder sind thematisch zusammengefasst.

Im Boboli-Garten kann man zahlreiche Skulpturen bestaunen

Die Säle sind reich mit Fresken ausgestattet. Nur einige der wichtigsten Werke seien an dieser Stelle genannt:

› **Raffael:** Madonna del Granduca (1506, Sala Saturno), Porträts von Agnolo und Maddalena Doni (1507, Sala Saturno), Porträt von Tommaso Inghirami (1510, Sala Saturno), Madonna della Seggiola (1514, Sala Saturno), Erscheinung des Ezechiel (1518, Sala Saturno), Madonna dell'Impanata (1514, Sala di Ulisse), Donna Velata (1514, Sala di Giove)

0741l Abb.: sk

› **Rubens:** Die vier Philosophen (1612, Sala di Marte), Auferstehung (1616), Die drei Grazien (1622, Sala dei Putti), Bildnis der Isabella Clara Eugenia (1625, Sala di Apollo)
› **Tizian:** Bildnis des Piero Aretino (1545, Sala di Venere), Maria Magdalena (1548, Sala di Apollo), Bildnis des Ippoliti de Medici (1532, Sala di Marte), Engländer (1540, Sala di Apollo)

Die **Königlichen Gemächer (Appartamenti Reali ed Imperiali)** liegen im rechten Flügel des Palastes und bestehen aus 14 prunkvollen Räumen und Zimmerfluchten, in denen die Familienmitglieder des Hauses Savoyen lebten.

Die Räume sind mit Fresken bemalt und mit kostbaren Möbeln, Vorhängen, Seidentapeten sowie Wandteppichen ausgestattet. Die Einrichtungsstile reichen von Renaissance bis Biedermeier: Grüner und Roter Salon, Thronsaal, Arbeitszimmer, Rundes und Ovales Kabinett und eine Kapelle. Man lebte bestens, eben wie bei Königs.

Die **Galerie der Modernen Kunst (Galleria d'Arte Moderna)** zeigt in der zweiten Etage Werke aus dem späten 18. Jh. bis zum Beginn des Ersten Weltkriegs. In den prächtigen Räumlichkeiten lebten einst die Großherzöge. Die Galerie legt ihr Schwergewicht auf Neoklassik, Romantik und Werke einer „Macchiaioli" genannten, impressionistisch beeinflussten Bewegung speziell in Florenz (1855–1865), die sich auf Freilichtmalerei beschränkte und eine Malweise mit fleckenartigen Farbflächen bevorzugte (*macchia* = Fleck).

Die **Schatzkammer der Medici (Tesoro dei Granduchi)** ist im Parterre der Sommerwohnung untergebracht (linker Seitentrakt). Sie geht auf Ferdinando II. zurück, der sie anlässlich seiner Hochzeit herrichten ließ. Zu sehen sind u.a. Vasen von Lorenzo dem Prächtigen aus Halbedelsteinen, Steinschnitte (Kameen mit erhabenem und Gemmen mit vertieftem Relief) aus der Sammlung Cosimos I., Bergkristall- und Elfenbeinarbeiten wie eine Vase von Mattia de Medici, die Juwelen von Anna Maria Luisa und Bernstein von Maria Magdalena von Österreich sowie Waffen und Uhren.

Der Fundus der **Kostümgalerie (Galleria del Costume)** im rechten,

Eine „ägyptische" Katzengestalt im Boboli-Garten

EXTRAINFO

Ticketkauf

An der rechten Seitenfassade des Palazzo Pitti befindet sich die Kasse. Man erwirbt entweder das Ticket für die Hauptmuseen (Galleria Palatina mit den königlich-kaiserlichen Gemächern, der Galleria della Moda e del Costume, dem Tesoro dei Granduchi und der Gallerie d'Arte Moderna) oder die Eintrittskarte für den Giardino di Boboli mit dem Museo delle Porcellane (das auch für den Giardino Bardini gilt). Eine Reservierung besonders für die Galleria Palatina ist angeraten, um Wartezeiten zu vermeiden.

050fl Abb.: sk

parkseitigen Anbau, dem Palazzina Meridiana, besteht aus über 6000 historischen und Theaterkostümen und Accessoires aus fünf Jahrhunderten. Alle zwei Jahre wird die Ausstellung gewechselt, um nach und nach die ganze Sammlung vorführen zu können.

Boboli-Garten (Giardino di Boboli)

Auf dem Gelände eines ehemaligen Steinbruchs ließ die Frau Cosimos I., Leonora von Toledo, den Giardino di Boboli gestalten. Er zieht sich hügelan und ist **eines der ersten Beispiele für einen „Italienischen Garten"**: antike Skulpturen, Renaissancefiguren, Springbrunnen, Grotten und separate Gärten (in denen einst exotische Früchte wuchsen) verstecken sich unter den Bäumen und zwischen den Hecken. Verlässt man den Palast nach links, gelangt man zum Bacchusbrunnen, an dem der Hofzwerg Cosimos I. auf einer Schildkröte reitend verewigt ist, und weiter zum Eingang der bemerkenswerten **Buontalenti-Grotte**, den links Apollo und rechts Ceres flankieren. Die Sklavenfiguren von Michelangelo in der Grotte wurden durch Kopien ersetzt, die Venus ganz hinten stammt von Giambologna. Nun nach Süden gehend erreicht man rechter Hand die Ziegengrotte und gelangt am Kaffeehaus (1776) hochgehend und am Mauerwerk der Forte di Belvedere 38 vorbei zu einem kleinen Palast.

Hier am oberen Ende des Parks wird in der Palazzina del Cavaliere aus dem 18. Jh. die **Porzellansammlung** (**Museo delle Porcellane**) der Medici ausgestellt. Im 19. Jh. kamen

Fontänen, Seen und Treppenanlagen: Giardino di Boboli 37

weitere Teile dazu, als man die Museen in Parma und Piacenza plünderte, um den König standesgemäß auszustatten. Zu sehen ist Porzellan aus Meißen und Sèvres sowie von der 1737 gegründeten toskanischen Manufaktur Doccia.

Umgeben ist das Museum vom **Kavaliersgarten,** in dem im 16. Jh. Seidenraupen gezüchtet und Kartoffeln angebaut wurden. Über die Treppenanlagen, vorbei am Neptunbrunnen und zahlreichen Figuren, gelangt man wieder hinunter zum Palast mit dem Artischockenbrunnen (1641) unterhalb des für Hoffeste genutzten **Amphitheaters.**

Nun kann man sich noch einmal aufmachen und den Westteil des Parks erkunden, indem man den steilen, Viottolone genannten Weg – eine Zypressenallee – zum Isolotto nimmt, ein Schwanenteich mit Inselchen, auf dem der **Ozeanbrunnen** steht. Dessen zentrale Gestalt ist der „Oceanus" von Giambologna (1576), zu seinen Füßen befinden sich die Allegorien der Flüsse Nil, Ganges und Euphrat.

- **Palazzo Pitti/Giardino di Boboli,** Piazza Pitti, Tel. 055 294883, www.uffizi.it, Einlass bis eine Stunde vor Kassenschluss, Reservierungsgebühr 3 €
- **Palazzo Pitti mit Galleria Pallatina, Appartamenti Reali ed Imperiali, Galleria d'Arte Moderna, Museo della Moda e del Costume und Tesoro dei Granduchi,** Di.–So. 8.15–18.50 Uhr, Eintritt März–Okt. 16 €, Winter 10 €
- **Giardino di Boboli mit Museo delle Porcellane,** Juni–Aug. 8.15–19.30, Nov.–Feb. bis 16.30, März/Okt. bis 17.30, April/Mai/Sept. bis 18.30 Uhr, Eintritt März–Okt. 10 €, Winter 6 €, Ticket ist auch für Giardino Bardini 40 gültig
- **Kombiticket Palazzo Pitti, Giardino di Boboli und Uffizien** März–Okt. 38 €, Winter 18 €

38 Belvedere-Festung (Forte de Belvedere) ★ [N10]

Der Forte de Belevedere über Florenz entstand 1595 als Zwingburg und wurde nach den Plänen des Architekten Bernardo Buontalenti erbaut. Die Kanonen wiesen zur Mahnung der Bürger und zur Sicherung der Medici-Macht auch in Richtung Stadt.

Leider lässt sich die Festung mit ihrem **fantastischen Ausblick** nur besichtigen, wenn dort Ausstellungen oder Aufführungen stattfinden. Der Zugang liegt an der Via di Belvedere, die entlang der alten Stadtmauer verläuft und zu der ein Fußweg vom Piazzale Michelangelo 41 hinüberführt. Die ursprüngliche Planung des Festungswerkes entwickelte der Medici Don Giovanni selbst, die Ausführung und die Feinarbeiten der auch als „Fortezza di Santa Maria" bekannten Anlage überließ er Buontalenti.

1951 verließ das Militär den Forte di Belvedere und die Kommune übernahm die Verwaltung des Komplexes. Hinter den Mauern in der Palazzina di Belverdere, die bereits 1560 von Ammannati errichtet wurde, befinden sich heute Ausstellungsräume.

- Forte de Belvedere, Via di S. Leonardo 1, 8–20, Winter 11–20 Uhr, Eintritt 3 €

39 Museo Bardini ★ [N10]

Die Privatsammlung Stefano Bardini ist klein und fein.Der Antikensammler Stefano Bardini kaufte 1880 den Gebäudekomplex zwischen Via San Niccolò und Via dei Renai mit Bauwerken mehrerer Epochen, darunter die säkularisierte Kirche S. Gregorio aus dem 13. Jh. Bardini legte alle Gebäude zusammen, ließ die neoklassische Fassade errichten und räumte seine Sammlung ein.

Auf zwei Etagen und einem Zwischengeschoss sind Ausstellungsstücke aus fast allen Kunstbereichen vertreten: Fresken, Keramik, Skulpturen, Holzarbeiten, Waffen, Teppiche, Musikinstrumente und noch vieles mehr – ein buntes und sympathisches **Sammelsurium vom frühen Mittelalter bis zum Barock.** Alles ist noch so arrangiert, wie es Bardini Ende des 19. Jh. im Stil der damaligen Zeit gewollt hatte. Herausragende Einzelstücke sind Caritas von Tino di Camaino (1320, Saal 4/Parterre) und das Teufelchen von Giambologna (16. Jh., Saal 7).

› Via dei Renai 37, Tel. 055 2342427, www.museicivicifiorentini.comune.fi.it, Fr.–Mo. 11–17 Uhr, Eintritt 6 €

40 Bardini-Garten (Giardino Bardini) ★ [N10]

Die barocke Gartenanlage mit ihren Blumen und Skulpturen ist ein ausgezeichneter Erholungsort mit Fernsicht über die Stadt.

Die Ursprünge des Gartens liegen in der Mitte des 13. Jh, als die Familie Mozzi sich einen Palast bauen ließ, in dem auch Papst Gregor X. als Gast unterkam. Zu Beginn des 14. Jh. waren die Mozzi pleite. Über die Jahrhunderte wurde der Komplex immer wieder weitergereicht und gelangte schließlich 1880 in die Hände des Florenz sehr zugetanen, preußischen Adelsgeschlechts Carolath-Beuthen und dann, 1913, an die Bardini-Familie. 1999 kam der Garten in den Besitz der Kommune Florenz.

In der Parkanlage stehen die **Villa Manadori** von 1650 und der **Palazzo Mozzi,** beide durch eine Allee verbunden. Beeindruckend ist die **barocke Treppenanlage,** die hinauf zu einer Aussichtsloggia führt. Der Weg wird von sechs Brunnen flankiert.

In der Villa ist das **Museo Annigoni** untergebracht und zeigt 120 Werke des Malers Pietro Annigoni (1910–1988), der sich altmeisterlicher Techniken bediente und der Renaissance verbunden war.

› **Giardino Bardini,** Eingänge Via dei Bardi 1/R oder Via Costa San Giorgio 4, Tel. 055 2638599, www.villabardini.it, Juni–Aug. 8.15–19.30, Nov./Feb. bis 16.30, März bis 17.30, April/Mai/Sept./Okt. bis 18.30 Uhr, jeden 1. u. letzten Mo. des Monats geschl., Kassenschluss eine Stunde vor Ende, Kombiticket mit Giardino di Boboli und Museo delle Porcellane 10 € (1 Tag gültig)

› **Museo Pietro Annigoni** in der Villa Manadori/Belvedere, Via dei Bardi 1/R, Tel. 055 2638599, www.museoannigoni.it, Di.–So. 10–19 Uhr, Eintritt 10 € (inkl. Sonderausstellungen)

077fl Abb.: sk

Michelangelos David auf der Piazzale Michelangelo 41

41 Piazzale Michelangelo ★★ [P10]

Als Italien Königreich und Florenz dessen Hauptstadt wurde, gestaltete Giuseppe Poggi den gewaltigen Platz hoch über der Stadt und stattete ihn mit Kopien von Meisterwerken Michelangelos aus. Der Piazzale ist vor allem einer der besten Aussichtspunkte der Stadt.

1861 riss man die Stadtmauern ab, baute an ihrer Stelle eine Ringstraße und legte einen Panoramaweg hinauf zur Kirche San Miniato al Monte 42 an. 1873 begann man mit der Gestaltung des Piazzale Michelangelo und schloss die Arbeiten zwei Jahre später mit der Aufstellung einer **bronzenen Kopie des „David“ und der Medici-Gräber** auf dem Sockel ab.

Poggi hatte die hinter der Fontäne liegende Loggia, heute ein Café-Restaurant, als Museum für Michelangelo geplant, eine Idee, die nicht zur Ausführung kam. Leider wird die Wirkung der Gesamtanlage durch die Nutzung als Parkplatz beeinträchtigt, doch zur Balustrade hin und die Augen der Stadt zugewandt lässt sich das schnell vergessen. Mehrere Verkaufsbuden bieten Kitsch und Getränke an.

42 San Miniato al Monte ★★ [P11]

Der namensgebende Märtyrer, der heilige Minias, wurde im Jahr 250 enthauptet, durchschwamm der Legende nach dennoch mit dem Kopf unter dem Arm den Arno und legte sein Haupt auf dem Hügel nieder. Die Kirche hoch über der Stadt und über dem Grab Minias' ist ein wichtiges Pilgerziel und zudem ein guter Aussichtspunkt.

Die Klosterkirche wurde zwischen 1014 und 1062 errichtet und zeigt sich am Übergang von lateinischer zu romanischer Basilika. Die **Fassade aus weißem und grünem Marmor** (Inkrustationsstil) entstand um 1100. Die Gilde der Tuchhändler, die die Kirche unterstützte, hat sich mit ihrem vergoldeten Wappentier auf dem Giebel verewigt – einem Wollbündel umkrallenden Adler.

Das Innere ist dreischiffig ohne Querhaus und flach gedeckt, der Chor, das ganze hintere Drittel einnehmend, befindet sich ungewöhnlicherweise auf einer erhöhten Plattform. Unter dem Chor liegt die Krypta mit der Grabstelle des hl. Minias. Im Zentrum der Kirche vor dem Chor steht der von Michelozzo mit einem Marmorüberbau versehene Altar (1448). Die Fresken an der rechten Wand des Hochchores rechts der Sakristeitüre stammen aus dem beginnenden 13. Jh. Die Sakristeiwände sind fast vollständig mit einem Freskenzyklus vom Ende des 14. Jh. bedeckt.

In der Mitte des linken Seitenschiffes geht es in die Cappella del Cardinale del Portogallo, die ein Schüler von Brunelleschi 1473 ausstattete. Beim Verlassen der Kirche sollte man auf den **Intarsienboden** achten, er stammt noch unverändert aus dem Jahr 1207 und zeigt ornamentale Muster und ein Tierkreiszeichen.

› Via delle Porte Sante, Tel. 055 2342731, Mo.–Sa. 9.30–13, 15–19/19.30, So. 8.15–19/19.30 Uhr, Eintritt frei
› Messen: Mo.–Sa. 7.15 u. 17.30 Uhr, So. 8.30, 10, 11.30 u. 17.30 Uhr

FLORENZ ERLEBEN

069fl Abb.: sk

Florenz für Kunst- und Museumsfreunde

Wenn nicht hier, wo dann? In Florenz entfaltet sich das ganze Potpourri des italienischen Kunstschaffens: Bildhauerei, Malerei, Architektur und Dichtung haben ihren Niederschlag in vollendeter Form gefunden, die Protagonisten bilden das Who's who der Stars unter den Kunstschöpfern und die Ausstellungen ihrer Werke zählen zu den berühmtesten Museen und Kunstgalerien der Welt – die Stadt Florenz ist Pflichtprogramm für Kunstsinnige!

Untrennbar sind die Kunstsammlungen der Stadt in den Museen und Galerien mit der **Herrscherfamilie der Medici** verbunden. Sie haben die Künstler in die Stadt eingeladen, bestens alimentiert, eine Atmosphäre geschaffen, in der sie ohne Zwänge frei gestalten konnten, die so entstandenen Meisterwerke in Sammlungen zusammengefasst und am Ende Florenz geschenkt.

Meister der Architektur

Zahllos sind die Bauwerke in der Stadt, die für die Renaissance stehen. **Filippo Brunelleschi** (1377–1446) gilt als Begründer der modernen Baukunst. Mit seiner Kuppel des Doms 9, dem Palazzo Pitti 37 und der Cappella Pazzi bei Santa Croce 18 beeinflusste er alle Architekten nach ihm.

Sein Schüler **Bartolomeo Michelozzi** (1396–1472) errichtete den Palazzo Riccardi 7 und **Benedetto da Majano** (1442–1498) schuf mit dem Palazzo Strozzi (s. S. 65) eines der schönsten Beispiele der Frührenaissance. Mehrmals im Jahr finden im Palazzo temporäre Ausstellungen statt.

Leon Battista Alberti (1404–1472) entwarf die Fassade der Kirche Santa Maria Novella 2. **Michelangelo Buonarroti** (1475–1564) schuf die beeindruckenden Cappelle Medicee 6, **Raffael Santi** (1483–1520) den Palazzo Pandolfini. **Giorgio Vasari** (1511–1574) beendete die Hochzeit der Renaissance mit den **Uffizien** 29. **Giotto di Bondone** (1266–1337) zeichnete als Dombaumeister die Pläne für den Glockenturm des Doms. Er war nicht unbedingt ein Protagonist der Renaissance, doch sicherlich einer ihrer wichtigsten Wegbereiter.

Vorseite: Blick vom Campanile des Doms 9 auf Florenz

EXTRAINFO

Firenzecard

92 € kostet die Firenzecard+ pro Person und ist damit recht teuer. Wenn man allerdings bedenkt, dass man mit ihr 72 Stunden lang zu vielen Museen der Stadt freien Zutritt hat und außerdem noch die öffentlichen Verkehrsmittel kostenlos benutzen darf (ohne Freifahrt als Firenzecard 85 €), dann rechnet es sich unter Umständen. Man muss sich überlegen, welche Museen man überhaupt anschauen will. Nicht immer genießt man mit der Firenzecard einen privilegierten Zugang (gerade bei den großen Museen wird die Priorität immer wieder storniert). Kinder des Kartenkäufers unter 18 Jahren müssen keine eigene Karte kaufen (gilt für EU-Bürger und Schweizer).

› www.firenzecard.it

Maler und Bildhauer

Giotto besonders, aber auch andere Baumeister haben sich ihre Meriten nicht nur als Architekten verdient. Sie waren **universell in der Kunst tätig** und schufen Meisterwerke der Malerei und der Bildhauerkunst oder waren wie Vasari auch literarisch tätig. Aber als einzigartig in seinem universellen Wissen und Können gilt schon immer **Leonardo da Vinci** (1452–1519). Er verbrachte seine Lehrzeit und die ersten Arbeitsjahre in Florenz. Seine Hauptarbeiten entstanden in Mailand, kurz kehrte er 1500 nach Florenz zurück. Er sollte einen immensen Marmorblock bearbeiten, was er ablehnte. **Michelangelo** wurde statt seiner für die Arbeit ausgewählt, er schlug aus dem Stein den weltberühmten „David", der heute im Original in der Galleria dell'Accademia 24 steht.

Andrea da Pisano (1290–1347) bereicherte die Stadt als Schüler Giottos mit dem südlichen Bronzetor am Battistero di San Giovanni 10 und vollendete Giottos Steinmetzarbeit am Campanile des Doms. **Donatello** (1386–1466) führte die Sängerkanzel im Dom aus, an der Fassade zeichnete er für den Figurenschmuck der Porta della Mandorla verantwortlich. Außerdem schnitzte er die Maria Magdalena im Battistero di San Giovanni und ließ die Bronzetüren der Sakristei von San Lorenzo 5 gießen. Eines seiner berühmtesten Werke ist der „David" aus Bronze im Museo Bargello 14, seine Figurengruppe „Judith und Holofernes" steht im Palazzo Vecchio, eine Kopie ist vor dem Palast aufgestellt.

Cimabue (um 1240–um 1300) gab in seinem Atelier Giotto die handwerkliche Ausbildung. Wenig ist von Cimabues Werken bekannt, darunter ein Mosaik im Battistero di San Giovanni und das Kreuz in Santa Croce 18. Er gilt als einer der wichtigsten Maler des Spätmittelalters. **Fra Angelico** (um 1390–1455) war mit seinen Gemälden auch noch dem Mittelalter verbunden, ein schönes Beispiel für seine empfindsame Malerei ist der Altar der Leinenweber im Museo di San Marco 25. **Ghiberti** (1378–1455) gehörte bereits der Frührenaissance an, seine Arbeiten wie zwei der Bronzetüren am Battistero di San Giovanni 10 untermauerte er auch theoretisch mit einer Abhandlung über die Geschichte der Kunst von der Antike bis zu seinen Zeitgenossen.

026fl Abb.: sk

Michelangelos David 28 allein ist schon die Reise nach Florenz wert

Masaccio (1401–1428) hinterließ seine Fresken z. B. in der Brancacci-Kapelle in Santa Maria del Carmine 35 und die Wandmalerei „Dreieinigkeit" in der Kirche Santa Maria Novella 2. Masaccios Schüler **Fra Filippo Lippi** (1406–1469) beeinflusste Sandro Botticelli (1444–1510) und Leonardo da Vinci, Lippis Werke finden sich in der Accademia und in den Uffizien. In Letzteren sollte man auf sein schönstes Gemälde achten, das zwei Engel zeigt, die das Jesuskind der Mutter entgegenreichen („Madonna con Bambino e due angeli", 2. Stock, Halle 8, Sala dei Lippi).

Renaissance

„Rinascimento" – das ialienische Wort für Wiedergeburt, aus dem der Begriff der Renaissance („Wiedergeburt") hervorging, hat eine ganze Epoche bezeichnet, nicht nur in Baustil und Malerei. Die gesamte europäische Gesellschaft hat mit ihr das Mittelalter verlassen und ***besann sich auf die kulturellen Errungenschaften der Antike,*** *transformierte sie und schuf so die Basis für unsere heutige europäische Kultur.*

Entstanden ist die Frührenaissance in Florenz mit den Hauptprotagonisten Donatello, Brunelleschi und Ghiberti, deren Werke noch heute in der Stadt zu bewundern sind. Mit der Renaissance wurde aber auch die Ständeorganisation aufgebrochen und gewandelt, nun trat die ***individuelle Freiheit*** *in den Vordergrund. Dante Alighieri schuf mit seiner „Göttlichen Komödie" eines der wichtigsten Bücher dieser Zeit, Leonardo da Vinci gab den Naturwissenschaften ungeahnte Impulse.*

Botticelli ist einer der Protagonisten der Renaissancekunst der Medici-Zeit. Seine wichtigsten Werke sind in den Uffizien zu sehen, darunter: „Geburt der Venus, „Anbetung der Heiligen Drei Könige" und „Frühling". Ebenfalls eng mit dem Florenz der Medici verbunden war **Domenico Ghirlandaio** (1449–1494). Seine Arbeit ist geprägt von der Verbindung alttestamentarischer Inhalte mit florentinischen Themen, Landschaften und Menschen.

Ausgewählte Museen

Kunstmuseen und Galerien

19 [P8] **Casa Michelangelo Buonarroti.** Im Wohnpalast Michelangelos sind einige seiner Werke zu sehen, darunter „Madonna auf den Stufen" und „Schlacht der Zentauren" (s. S. 35).

M3 [N9] **Gabinetto Disegni e Stampe,** Via della Ninna 5, Tel. 055 2388671, www.uffizi.it, Di.–So. 8.15–18 Uhr, Eintritt frei, Eingang über Tor 1 („Accesso dei Prenotati"). In den Uffizien 29 findet man eine der weltgrößten Sammlungen von Grafiken und Drucken, beginnend mit dem 14. Jh. – mehr als 177.000 Werke.

24 [O7] **Galleria dell'Accademia.** Das „Michelangelo-Museum" mit dem „David" im Original gibt einen Überblick über die künstlerische Tätigkeit in der Stadt von Giotto bis Masaccio (s. S. 39).

29 [N9] **Galleria degli Uffizi.** Die Galerie im Komplex der Uffizien zählt zu den weltberühmtesten Bilderausstellungen. Als Verwaltungsgebäude unter den Medici errichtet, beherbergt sie die größte Sammlung der Stadt an Renaissancekunst (s. S. 45).

39 [O10] **Museo Bardini.** Das Museum entstand aus einer Privatinitiative und zeigt eine kleine, aber feine Sammlung mit Bildern, Möbeln und Waffen (s. S. 56).

EXTRATIPP

Ticketreservierung

Um – vor allem in der Hochsaison und an Wochenenden – langes Anstehen an den Sehenswürdigkeiten zu vermeiden, sollte man Tickets vorab online reservieren. Wichtig ist dies v. a. für die Uffizien und die Galleria dell'Accademia, wo stundenlange Wartezeiten keine Seltenheit sind. Die Reservierungen kosten jeweils einen Aufschlag von 3 bis 4 €. Die Tickets werden online mit Angabe der Uhrzeit gekauft. Am jeweiligen Museum holt man die reservierten Karten dann unter Vorlage der Kaufbestätigung an einem eigenen Schalter ab bzw. kann direkt das Museum betreten.

Tickets für folgende staatlichen Museen und Ausstellungen sind zentral buchbar: Galleria degli Uffizi, Palazzo Pitti, Giardino di Boboli, Galleria dell'Accademia, Cappelle Medicee, Museo del Bargello, Palazzo Davanzati, Opificio delle Pietre Dure, Museo di San Marco, Orsanmichele, Casa Maretelli.

› www.b-ticket.com/b-ticket/uffizi

Die städtischen Museen haben ein eigenes Onlinebuchungsportal: Museo di Palazzo Vecchio, Santa Maria Novella, Cappella Brancacci, Museo Stefano Bardini, Museo Novecento, Forte di Belvedere, Fondazione Salvatore Romano, Museo del Bigallo, Museo del Ciclismo Gino Bartali, Galleria Rinaldo Carnielo.

› www.ticketsmuseums.comune.fi.it

M 4 [O7] **Museo degli Innocenti,** Piazza SS. Annunziata 12, Tel. 055 2037308, www.museodeglinnocenti.it, tgl. 10–19 Uhr, Eintritt 7 €, Familienkarte 10 €. Eine Seite der Piazza Santissima Annunziata nimmt das ehemalige Waisenhaus ein.

027fl Abb.: sk

Pantomime im Hof der Uffizien 29 – *Nebenverdienst der Studenten*

065fl Abb.: sk

Perseus hat den Kopf der Medusa abgeschlagen und triumphiert

In der Galerie hängen Gemälde von Ghirlandaio und Botticelli sowie Terrakotten von Luca della Robbia. In einem Workshop wird Kindern die Kunst der Renaissance nähergebracht.

M 5 [N8] **Museo del Bigallo,** Piazza San Giovanni 1, Tel. 055 288496, geführte Touren, nur nach Voranmeldung Mo.–Sa. 10–12, 15–17, So. 10–12 Uhr, Eintritt frei. Das Gebäude aus dem 14. Jh. diente einst als Waisenhaus der Barmherzigen Brüder. In der Loggia spielten damals die Waisenkinder und warteten auf neue Eltern. Das Museum zeigt Werke aus der Zeit der Bruderschaft, darunter ein Fresko der Barmherzigen Gottesmutter mit einem interessanten Detail: der ältesten überlieferten Stadtansicht von Florenz. Noch zu beachten ist das Bigallo-Kruzifix von 1240.

11 [N8] **Museo dell'Opera del Duomo.** Im Dommuseum sind aus Konservierungsgründen viele wertvolle Originale von Dom und Taufkapelle aufbewahrt (s. S. 28).

M 6 [N9] **Museo Diocesano,** Piazza Santo Stefano al Ponte 5, Tel. 055 276351, **derzeit wegen Restrukturierung geschlossen.** Neben der Kirche S. Stefano ist das Diözesanmuseum untergebracht. Die Sammlung umfasst den Besitz aus Gebäuden der mittelalterlichen Diözese, darunter eine „Madonna mit dem Kinde" von Giotto.

25 [O6] **Museo di San Marco.** Im gleichnamigen ehemaligen Kloster, aus dem heraus Savonarola kurz die Stadt regierte, sind Gemälde aus der Renaissance zu sehen, darunter ein Fresko von Ghirlandaio in einem der Refektorien (s. S. 40).

17 [O9] **Museo Horne.** Das Erbe eines englischen Gentleman des 19. Jh., der Meister des 14.–16. Jh. (von Giotto bis Masaccio) sammelte (s. S. 32).

4 [M8] **Museo Marino Marini.** In die säkularisierte Kirche von San Pancrazio ist das Marini-Museum eingezogen. Die Skulpturen Marinis wurden entsprechend seiner Vorgaben arrangiert (s. S. 19).

14 [N8] **Museo Nazionale del Bargello.** Im ehemaligen Stadtgefängnis und Sitz der Ordnungskräfte lockt das Museum Kunstsinnige an und das zu Recht. Werke von Donatello, Michelangelo und Brunelleschi sind zu sehen (s. S. 29).

3 [L8] **Museo Novecento.** Im 2014 eröffneten Museum hat die Stadt große Teile ihrer Sammlungen von Kunstwerken aus dem 20. Jh. zusammengefasst (s. S. 18).

37 [M10] **Palazzo Pitti.** Die Galleria Palatina im Palazzo ist eine der wichtigsten

Sammlungen der Stadt. Weitere Ausstellungen im Komplex und im Giardino di Boboli: Galleria d'Arte Moderna mit Gemälden vom Ende des 18. bis zum Beginn des 20. Jh., Galleria della Moda e del Costume, Tesoro degli Granduchi und Museo delle Porcellane (s. S. 52).

G7 [M8] **Palazzo Strozzi,** Piazza Strozzi, www.palazzostrozzi.org, Tel. 055 2645155. Eines der schönsten Renaissancegebäude der Stadt mit temporären Ausstellungen.

28 [N9] **Palazzo Vecchio.** Die Repräsentationssäle der Stadt wurden von Meistern wie Michelangelo, Ghirlandaio oder Donatello ausgestattet (s. S. 42).

Geschichte und Archäologie

21 [P8] **Jüdisches Museum.** Neben der Synagoge wird die Geschichte des jüdischen Lebens in der Stadt beleuchtet (s. S. 36).

22 [O7] **Museo Archeologico Nazionale.** Mit seinen Exponaten aus etruskischer Zeit gilt es als das bedeutendste Archäologiemuseum Norditaliens. Weitere Ausstellungen: Ägyptologie und Vasen (s. S. 37).

M8 [O8] **Museo di Preistoria,** Via San Egidio 21, Tel. 055 295159, www.museofiorentinopreistoria.it, Mo. 15.30–18.30, Di., Do. 9.30–12.30 und 15.30–18.30, Mi., Fr., Sa. 9.30–12.30 Uhr, Eintritt frei. Im ehemaligen Klosterkomplex des Oblaten-Ordens wird die Prähistorie von der Steinzeit bis zur Eisenzeit mit Fundstücken aus der ganzen Welt beleuchtet.

Kunsthandwerk und Mode

M9 [N9] **Gucci Garden Galleria,** Piazza della Signoria 10, Tel. 055 75927010, www.gucci.com, tgl. 10–23 Uhr. Ein Muss für alle Fans der Luxusmarke, von der New-Jackie-Tasche bis zum Flora-Halstuch sind alle legendären Must-haves ausgestellt.

Weltliteratur

Dante Alighieri *(1265–1321) ist einer der beiden in Florenz geborenen Dichter, die Weltruhm erlangten. Seine* ***„Göttliche Komödie"*** *war der erste Schritt der italienischen Sprache in die bis dahin vom Latein dominierten Bücher: die Beschreibung einer Reise in 100 Gesängen durch die neun Kreise der Hölle, über den Läuterungsberg (das Fegefeuer) zu den neun Himmelssphären des Paradieses.*

Giovanni Boccaccio *(1313–1375) ist der andere. Das* ***„Decameron"*** *ist ein Spiegel der Welt des 14. Jahrhunderts und brachte erstmals weltliche Prosa in die Bücher – prall sind die Geschichten, lebenslustig die Menschen.*

Der Name von ***Carlo Collodi*** *(1826–1890) wurde nicht ganz so bekannt, dafür hat seine Hauptperson einen beispiellos erfolgreichen Zug um die Welt angetreten und weckt bei jedem aufregende Erinnerungen an die kleine Holzfigur, die sich in unglaublichen Abenteuern bewähren muss und so zum Menschen heranwächst:* ***Pinocchio.***

M10 [O7] **Museo dell'Opificio delle Pietre Dure,** Via degl Alfani 78, Tel. 055 26511, www.opificiodellepietredure.it, Mo.–Sa. 8.15–14 Uhr, Eintritt 4 €. Das Museum steht in der Tradition der 1588 gegründeten Hofwerkstatt der Medici für Glyptik – die Kunst des Steineschneidens. Noch heute heißen Mosaike aus Halbedelsteinen „Florentiner Mosaik". Wurden in den Anfängen bunte Kiesel aus dem Arno verarbeitet, ging man bald

zu Halbedelsteinen über und verwendete auch Korallen oder Perlmutt. Die Ausstellung zeigt fantastisch gearbeitete Möbel und Wandtafeln.

M 11 [M8] **Museo Salvatore Ferragamo,** Piazza Santa Trinita 5/R, Tel. 055 3360456, www.ferragamo.com/museo, tgl. 10–19.30 Uhr, Eintritt 9 €. Frauen dürfen von den 10.000 ausgestellten Paaren Schuhe des Meisters träumen.

Natur und Technik

M 12 [P7] **Fondazione Scienza e Tecnica,** Via Giusti 29, Tel. 055 2343723, www.fstfirenze.it, Mitte Juni–Mitte Sept. Di.–So. 10–13, sonst Mo.–Fr. 9–16, Sa./So. 10–18 Uhr, Einlass jede halbe Stunde, Eintritt frei. Die Stiftung besitzt fast 50.000 Stücke in ihren beiden Abteilungen (Naturgeschichte mit u. a. Tiermodellen, Physik mit z. B. Astrolabien) und ein Zeiss-Planetarium mit 54 Plätzen (Vorführungen So. 15 und 16.30, Do. 21 Uhr).

M 13 **Giardino di Archimede,** Via San Bartolo a Cintoia 19a, Tel. 055 7879594, http://web.math.unifi.it/archimede, Sept.–Juni Mo.–Fr. 9–13 Uhr, Eintritt 6 €. Der Garten des Archimedes in den westlichen Vororten ist ein der Mathematik gewidmetes Interaktiv-Museum und nicht nur für Kinder hervorragend geeignet.

M 14 [L8] **Museo Alinari della Fotografia,** Piazza Santa Maria Novella 14a/R, Tel. 055 2395235, www.mnaf.it, **derzeit wegen Umbau geschlossen.** Wer sich für Fotografie und deren Geschichte interessiert, wird im Museum fündig. Von der

EXTRATIPP

Günstige Eintrittspreise

Die staatlichen und städtischen Museen (u. a. Uffizien, Palatina, Palazzo Vecchio, Bargello) bieten reduzierte Eintrittspreise (50 %) für EU-Bürger zwischen 18 und 25 Jahren. Der Eintritt für EU-Bürger unter 18 Jahren ist kostenlos. Generell gilt für die staatlichen Museen (bei den städtischen Museen nur für die Einwohner von Florenz): Am 1. Sonntag im Monat ist der Eintritt frei.

EXTRATIPP

Kultur im Knast

Wer sich für zeitgenössische Kunst und Kultur interessiert (und möglichst Italienisch versteht), findet im **Kulturzentrum Le Murate** ein breites Angebot von Ausstellungen über Performances und Tanz bis hin zu Konzerten. Das ehemalige Kloster aus dem 14. Jh. diente 1883–1985 als Gefängnis und ist heute ein Sammelbecken für die Kreativen der Stadt. Außerdem gibt es hier das Literaturcafé Le Murate (s. S. 81) und das Restaurant/Pizzeria Le Carceri (s. S. 79).

●18 [Q9] **Kulturzentrum Le Murate,** Piazza della Madonna della Nieve, www.lemurate.comune.fi.it

Daguerrotypie bis zur Digitalkamera ist in der Leopolda aus dem 15. Jh. alles vorhanden.

30 [N9] **Museo Galileo.** Hier erfährt man alles zur Geschichte der Wissenschaften. Die Ausstellung zeigt u. a. herrliche Globen und Instrumente wie Astrolabien und Planetenmaschinen (s. S. 48).

M15 [N8] **Sezione di Antropologia e Etnologia,** Via del Proconsolo 12, Tel. 055 2396449, www.msn.unifi.it, Juni–Sept. tgl. 10.30–17.30, sonst Mo./Di./Do./Fr. 9.30–16.30, Sa./So. 10–16.30 Uhr, Eintritt 6 €. Das 1775 gegründete Museo di Storia Naturale der Universität Florenz gehört mit über 8 Mio. Sammlungsstücken zu den bedeutendsten Museen seiner Art in Italien. Es verfügt über die Abteilungen außereuropäische Ethnologie, Botanik, Paläontologie und Mineralien.

M16 [L10] **Sezione di Zoologica,** Via Romana 17, Tel. 055 2288251, www.msn.unifi.it, Juni–Sept. Di.–So. 10.30–17.30, sonst Di.–So. 9.30–16.30 Uhr, Eintritt 6 €. Die Zoologische Abteilung der Universität stellt zahlreiche Tiere aus, getrocknet und ausgestopft, aufgespießt und in Schaukästen arrangiert. Größtes Exponat ist ein Flusspferd. Der schauerlichste Bereich umfasst die zehn Räume mit lebensechten Wachsfiguren in unterschiedlichen Stadien der Sektion.

Ethnologie

12 [N8] **Casa di Dante.** In diesem Haus soll der berühmte Poet geboren sein, das Museum beschreibt das Stadtleben im 13. Jh. (s. S. 29).

M17 [L10] **Casa Guidi,** Piazza San Felice 8, www.browningsociety.org, Tel. 055 284393, 1. April–30. Nov. Mo., Mi. u. Fr. 15–18 Uhr, Eintritt frei. Das Haus beherbergte im 19. Jh. die Wohnung des

◁ Der Palazzo Pitti 37 beherbergt mit der Galleria Palatina eine der schönsten Kunstsammlungen

▷ David als Kopie – dennoch ist er schön

066fl Abb.: sk

englischstämmigen Dichterehepaares Robert und Elizabeth Browning und zeigt das bürgerliche Leben ihrer Zeit.

M 19 [P10] **Casa Rodolfo Siviero,** Lungarno Serristori 1, Tel. 055 4382652, www.museocasasiviero.it, Sa. 10–18, So. 10–13 Uhr, Eintritt frei. Hier wohnte der Kunstsammler und Geheimagent, der bereits in der Zeit des Faschismus versuchte, die Wege der Beutekunst zu verfolgen. Nach dem Krieg half er mit, zahlreiche „entführte" Kunstgegenstände zu „repatriieren".

M 20 [M7] **Museo di Casa Martelli,** Via Zannetti 8, Tel. 055 216725, www.bargellomusei.beniculturali.it, Do. 14–19, Sa./So. 9–17 Uhr (jeden 2. und 4. So. im Monat geschl.), zu jeder vollen Stunde Führung, Eintritt frei, Kartenreservierung angeraten (3 €). Der Palast wurde 1738 für eine noble Familie errichtet. Seine Originaleinrichtung sowie die Familiensammlung mit Werken italienischer und holländischer Künstler bieten eines der letzten Beispiele für die städtische Wohnkultur des 18. Jh.

M 21 [N8] **Museo di Palazzo Davanzati,** Via Porta Rossa 13, Tel. 055 2388610, www.bargellomusei.beniculturali.it, Mo.–Fr. 8.15–13.50, Sa./So. 13.30–18.50 Uhr, jeden 2. u. 4. So. sowie 2., 4. u. 5. Mo. geschl., Eintritt 6 €. Ein hervorragendes Beispiel für das Leben einer noblen Florentiner Familie im 14./15. Jh. Die Wände sind mit geometrischen Mustern geschmückt. Teppiche, Möbel, Haushaltsgegenstände und religiöse Kunst erzeugen das passende Ambiente.

Kunst in Kirchen, Kapellen und Klöstern

10 [N8] **Battistero di San Giovanni.** Die berühmten Bronzetore der Taufkapelle sind immer menschenumlagert (s. S. 27).

35 [K9] **Cappella Brancacci.** Die herrlichen Fresken der Kapelle wurden von Masaccio und Masolino im 15. Jh. geschaffen (s. S. 51).

•22 [T8] **Cenacolo di Andrea del Sarto,** Via di San Salvi 16, Tel. 055 2388603, www.polomusealetoscana.beniculturali.it, Di.–So. 8.15–13.50 Uhr, Eintritt frei. Höhepunkt im Refektorium des ehemaligen Klosters des Vallombrosaner-Ordens ist das „Letzte Abendmahl" von Andrea del Sarto (1486–1530). Weitere Gemälde des 16. Jh. sind ebenfalls sehenswert.

•23 [M7] **Cenacolo di Fuligno,** Via Faenza 40, Tel. 055 286982, www.polomusealetoscana.beniculturali.it, **derzeit wegen Umbau geschlossen.** Im Speisesaal des Franziskanerklosters befindet sich ein Abendmahl von Pietro Perugino (1445–1523), 1845 wiederentdeckt, andere Werke stammen aus dem 16. Jh.

•24 [L8] **Cenacolo di Ognissanti,** Borgo Ognissanti 42, Tel. 055 2388720, www.polomusealetoscana.beniculturali.it, Mo./Sa. 9–13 Uhr, Eintritt frei. Das Abendmahl stammt von Domenico Ghirlandaio (1488 gemalt). Auf dem Weg zum Refektorium kann man im Allerheiligen-Konvent noch einen Zyklus aus dem 17. Jh. mit Fresken aus dem Leben des hl. Franziskus bewundern, in der Kirche zwei Wandmalereien von Ghirlandaio.

•25 [N6] **Cenacolo di Sant'Apollonia,** Via XXIV Aprile 1, Tel. 055 2388607, www.polomusealetoscana.beniculturali.it, tgl. 8.15–13.50 Uhr außer 1. und 3. Mo. u. 1., 3. u. 5. So. im Monat, Eintritt frei. Im Refektorium des früheren Benediktinerklosters hat Andrea del Castagno (1418–1457) drei Fresken erstellt: Abendmahl, Kreuzigung und Auferstehung.

Das Gemälde „Frühling" von Sandro Botticelli kann man in den Uffizien 29 *bewundern*

36 [L9] **Cenacolo di Santo Spirito.** Das Refektorium im von Brunelleschi entworfenen Augustinerkonvent zeigt Fresken aus dem 15. Jh., darunter ein Abendmahl, eine Kreuzigung und Skulpturen von der präromanischen Zeit bis zur Renaissance (s. S. 51).

•26 [O6] **Chiostro dello Scalzo,** Via Cavour 69, www.polomusealetoscana.beniculturali.it, Tel. 055 2388604, Mo. und Do. 8.15–13.50 Uhr, auch jeden 1., 3. u. 5. Sa. sowie jeden 2. u 4. So. im Monat, Eintritt frei. Der kleine, intime Kreuzgang vor der Kapelle wurde von Andrea del Sarto mit einem Zyklus zum Leben Johannes des Täufers auf beeindruckende Weise monochrom ausgemalt.

•27 [P7] **Crocefissione del Perugino,** Via della Colonna 9, Tel. 055 2888803, www.polomusealetoscana.beniculturali.it, Di. und Do. 14.30–17.30 Uhr, Eintritt frei. Das Kreuzigungsfresko von Pietro Perugino (1445–1523) bedeckt, mit drei Bögen strukturiert, eine ganze Wand im Kapitelsaal des ehemaligen Konvents Santa Maria Maddalena de Pazzi.

9 [N8] **Duomo Santa Maria del Fiore.** Der Dom ist einer der Hauptanziehungspunkte der Stadt. Die weltberühmte Kuppel von Brunelleschi und den schlanken Campanile von Giotto darf man besteigen (s. S. 24).

6 [M7] **Museo delle Cappelle Medicee.** Die Kapellen gehören zum Klosterkomplex der Kirche San Lorenzo 5. Hier ruhen die Gebeine der Medici, tonangebender Künstler: Michelangelo (s. S. 21).

18 [O9] **Museo dell'Opera di Santa Croce.** Besonders die Pazzi-Kapelle von Brunelleschi ist sehenswert, aber auch Fresken aus der ganzen Stadt, die hier eine neue Heimat gefunden haben (s. S. 35).

2 [L7] **Museo di Santa Maria Novella.** Die Kreuzgänge und Kapellen stammen aus dem 13. Jahrhundert, die Bemalung aus dem 14. und 15. Jahrhundert (s. S. 18).

16 [N8] **Orsanmichele.** Die Kirche mit ihrem Museum war im 14. Jh. ein Kornspeicher, wurde aber umgebaut und geweiht (s. S. 31).

063fl Abb.: sk

In Ecken versteckt: Schnellimbiss à la fiorentina

Florenz für Genießer

Essen und Trinken

In Florenz gibt es Hunderte Bars, Cafés und Restaurants, viele sind ausgezeichnet, die restlichen bieten reelle Küche. Man wird nicht über den Tisch gezogen, auch wenn das eine oder andere Lokal ausschließlich auf Touristen abstellt.

Wohin zum Essen?

Die Wahl fällt schwer, denn so zahlreich die Restaurants, so zahlreich sind auch deren Benennungen: *Rosticceria* (für Kleinigkeiten am Tresen), *Trattoria* (eigentlich einfaches Restaurant, heute aber auch edel), *Tavola Calda* (warme Küche in einfachem Ambiente), *Osteria* (einfache Weinstube, aber auch ganz teures Speiselokal), *Enoteca, Cantina, Fiaschetteria* oder *Taverna* (eher Weinlokale, häufig mit abgespeckter Speisekarte), als Spitzenreiter das *Ristorante* und dann noch die *Pizzeria.*

Wann zum Essen?

Das **Frühstück** ist in Italien nicht wichtig. Ein schneller Kaffee, ein Gebäckstück, das wars zwischen 6 Uhr morgens und 10 Uhr. Den touristischen Bedürfnissen ist zu danken, dass die Hotels ein Frühstücksbuffet servieren.

Das **Mittagessen** ist dem Florentiner heilig, die Büros schließen um 13 Uhr und öffnen frühestens um 15 Uhr, damit genügend Zeit für den Lunch bleibt. Das **Abendessen** wird üblicherweise ab 19 Uhr serviert, manche Lokale (häufig Pizzerien) öffnen aber auch schon ab 18 Uhr. Florentiner gehen ab 20 Uhr zum Essen.

Küchentraditionen

Die **Florentiner bzw. toskanische Küche** zeichnet sich nicht durch ausgefallene Ingredienzen aus, sie ist **bodenständig.** Die Landschaft um Florenz war über lange Zeit ärmlich, sodass für Extravaganzen kein Platz blieb. Pasta kam in der Vergangenheit nur selten auf den Tisch, stattdessen Suppe und Brot. Auch wenn Raffinesse fehlte, die Köchinnen achteten auf **Qualität der Zutaten** und auf **sorgfältige Zubereitung.**

Heute gibt es in Florenz die ganze Palette italienischer Küche, von Fisch bis Fleisch, von Meeres- bis zu exotischen Früchten. Doch immer wieder wird man auf den Speisekarten althergebrachte Gerichte finden. Waren sie früher vielleicht der einzige Gang,

sind sie heute in die komplette **Menüfolge** eingebaut: *antipasto* (Vorspeise) – *primo* (erster Gang) – *secondo* (zweiter Gang) mit *contorni* (Beilage) oder *insalata* (Salat) – *dolce* (Dessert) – Kaffee, dazu Wasser (still oder mit Kohlensäure als *frizzante* bzw. *gassata)* und Wein.

Allgegenwärtig sind die **Crostini** in den Auslagen der Bars und Cafés. Der Fantasie sind beim Belegen der gerösteten Brotscheiben keine Grenzen gesetzt, traditionell ist eine Paste aus Hühnerleber oder Milz, mit Sardellenfilets und Zwiebeln in Marsala gekocht und auf das Weißbrot gestrichen.

Ein florentinischer Standard ist die **Ribollita**, ein Kohl-/Bohneneintopf, der mit altbackenem Brot angedickt wird. Der Name bedeutet nichts anderes als „aufgewärmt". Zuerst wird der Gemüseeintopf gekocht (mit allem, was so gerade auf dem Markt ist, auf alle Fälle aber Kohl, weiße Bohnen, Zwiebeln und Knoblauch), dann entsteht das eigentliche Gericht mit eingeschichtetem Brot. Auf dem Tisch wird es mit Parmesan und ein paar Tropfen Olivenöl gewürzt. Am besten schmeckt der Eintopf im Winter mit Schwarzkohl.

Im Sommer kann die **Pappa al Pomodoro** ein leichtes, kalt genossenes *primo* aus frischen, geschälten Tomaten, Lauch und altbackenem Brot sein, gewürzt mit Olivenöl und Basilikum, ein wenig Ingwer, Pfeffer und Salz. Die **Panzanella** ist ein Salat aus Brot, zerkleinerten Salatblättern, gewürfelten Gurken- und Tomatenstücken, Basilikum und kleingeschnittener Zwiebel, gut durchgezogen in einer Sauce aus Essig, Öl, Pfeffer und Salz.

Die Focacceria Pugi (s. S. 80) ist für ihr „schiaccata" berühmt

Ist die *Ribollita* das Armeleutegericht, gilt die **Bistecca fiorentina** als Feiertagsgericht für die Begüterten. 1 bis 2 kg (mit Knochen) sollte das auch als T-Bone-Steak bezeichnete Fleischstück wiegen. Auf Holzkohle wird es gegrillt, Pfeffer und Salz kommen jeweils auf die bereits gegrillte Seite – aber nur in Maßen. Das Innere sollte wenigstens noch leicht blutig sein. So viel Fleisch kann eine Person natürlich nicht allein verdrücken, es wird also am Tisch in Portionen geschnitten und dann auf die Teller verteilt.

Wo Rinder nicht weit sind, sind auch Kutteln ganz nah, für fortgeschrittene Genießer eine Köstlichkeit. **Trippa alla Fiorentina** entstehen aus schmalstreifig geschnittenen Kaldaunen, die mit geschälten Tomaten, Wurzelgemüse und Olivenöl nur ganz kurz gedünstet werden. Zum Schluss wird geriebener Parmesan untergerührt. Rund um die Märkte wird das Leibgericht der Arbeiter an Ständen verkauft und mit Brot verspeist.

Brot

Kein Florentiner käme auf die Idee, gesalzenes Brot auf den Tisch zu stellen. Brot ist Beilage, das den Geschmack der Speise nicht verändern soll, als Hilfsmittel zum Tunken dient und zur Neutralisierung zwischen zwei Bissen. Doch wird es auch alleine für sich genossen, dann je nach Gusto: beträufelt mit Essig und Öl, gewürzt mit Salz, Pfeffer und Petersilie, abgerieben mit einer Tomate, in Rotwein getaucht und mit Honig bestrichen oder auch mit verquirltem Ei bedeckt in Olivenöl gebacken.

Die **Schiacciata** ist ein auf dem Blech gebackener Kuchen aus Mehl, Olivenöl, Schmalz und Eiern, die über den Tresen gereicht wird. Es handelt sich um keine Süßigkeit, sondern um ein schnelles Mittagessen. Ebenfalls nichts für Süßigkeitsfanatiker ist der **Castangnaccio**, ein Kuchen aus Kastanienmehl mit Pinien und/oder Walnusskernen, Weintrauben, Rosmarin und Olivenöl.

Wein

Chianti, Montepulciano, Montalcino und Vernaccia heißen die **Weinanbaugebiete** südlich von und rund um Florenz, die die Ohren der Weinliebhaber klingen lassen. Das war nicht immer so! Bis in die 1980er-Jahre hinein stand der Rebensaft der Toskana, insbesondere der Chianti, für das Körbchen, das günstig und ohne Sensation neben der Pizza auf den Tisch gestellt wurde und den schönen Namen „Fiasco" trug. Dann fuhren die Winzer um Florenz die produzierten Mengen herunter, verfeinerten ihre Anbaumethoden und setzten neueste Erkenntnisse um. Mittlerweile können sie den besten Lagen der Welt Paroli bieten, ihre Erzeugnisse gewinnen immer wieder Preise und stehen in den Rankings der Weinkenner ganz oben.

Vier Qualitätsstufen erlauben eine erste Klassifizierung. *Vino da Tavola,* der einfache Tischwein, der überall aus der Toskana herkommen kann, Wein mit dem Siegel *Indicazione Geografica Tipica* (IGT), dessen Produktion auf ein bestimmtes Gebiet beschränkt ist, mit dem Siegel *Denominazione di Origine Controllata* (DOC), das für einen Maximalertrag pro Hektar, die Herkunft aus einem genau bezeichneten Anbaugebiet und die Verwendung nur für diesen Wein zugelassener Trauben steht, und schließlich das Siegel *Denominazione di Origine Controllata e Garantita* (DOCG), das nur Weinen höchster Qualität zuerkannt wird, die zusätzlich zu den Kriterien der DOC-Weine in der Entstehungsregion auf Flaschen gezogen sein müssen. Man sollte aber nicht den Schluss ziehen, dass ein IGT-Wein von Haus aus schlecht ist, er kann vorzüglich sein und nur deshalb kein DOC-Siegel tragen, weil die „falsche" Rebsorte gekeltert oder beigemischt wurde.

Die **toskanischen DOCG-Weine** sind Brunello di Montalcino, Carmignano, Chianti, Chianti Classico, Morellino di Scansano, Vino Nobile di Montepulciano und Vernaccia di San Gimignano. Eine erste Herkunftsbezeichnung schufen übrigens die Medici 1716. Neben anderen Gebieten tauchte auch das Chianti auf, kein Wein außerhalb der festgelegten Grenzen durfte sich ab da Chianti nennen.

021fl Abb.: sk

KURZ & KNAPP

Der Schwarze Hahn

1404 wurde erstmals der Wein aus dem Chianti erwähnt, damals vor Siena angebaut. Florenz wollte ein Stück vom Kuchen und schlug Siena einen Wettkampf vor. Frühmorgens, wenn der erste Hahn kräht, sollte je ein Reiter losjagen und an der Stelle, wo sie aufeinander träfen, künftig die Besitzgrenze der Weinberge verlaufen. Der weiße, wohlgefütterte, mithin fette Hahn in Siena kam erst spät in die Puschen, der schwarze Gockel von Florenz, kurz gehalten, schlank und nervös, stürmte früh los. So wurde die Grenze nur 15 km vor den Stadttoren von Siena gezogen, seitdem prangt die Silhouette des „Gallo nero" – des schwarzen Hahns – auf den Chianti-Flaschen.

Auf 24.000 ha Rebfläche wird heute der trockene, rote **Chianti** produziert, aufgeteilt in allgemeine Weine, mit weiterführender Regionalbezeichnung und aus dem Kernbereich, dem **Chianti Classico** (7000 ha). Letztere sind die Spitzenreiter des Chianti. Zwischen Chianti und Chianti Classico sind Chianti mit Angabe einer zusätzlichen Unterregion angesiedelt (z. B. Chianti Colli Fiorentini).

Der rote, trockene, tanninbetonte **Brunello di Montalcino** entsteht südlich von Siena, wo die Tage hei-

⌃ *Zur Kräftigung ein Panino und dazu ein Glas Wein im Borgovino (s. S. 80)*

ßer und die Nächte kühler sind als in der restlichen Toskana. 1980 erhielt er zusammen mit dem Vino Nobile di Montepulciano als erster Wein das DOCG-Siegel. Die geringe Anbaufläche und die Mindestreifezeit von vier Jahren haben die Preise bis heute hoch gehalten. Der Mindestalkoholgehalt des Weines beträgt 12,5 Vol.-%, üblich sind aber 13,5 Vol.-%. Der Riserva muss noch ein Jahr länger reifen und kann ein Vierteljahrhundert lagern.

Die Weine der Region des **Vino Nobile di Montepulciano** südöstlich von Siena gingen bereits im 17. Jh. nach ganz Europa, den Löwenanteil aber vertilgte der toskanische Adel (daher die Namensbeigabe „Nobile"), 12,5 Vol.-% Alkohol sind Pflicht (Riserva 13 Vol.-%), ein Fassausbau von zwei Jahren in Eiche oder Kastanie ist vorgeschrieben. Für die Spielart Rosso di Montepulciano sind die Kriterien weniger streng und der Preis günstiger.

Trink-, Bedienungsgeld und Coperto

Mitteleuropäer empfinden es häufig als ungerecht, dass man als Gast für das Eindecken des Tisches bezahlen soll. Doch das *coperto* beinhaltet auch Brot. Die Höhe des *coperto* ist an den Aushängen der Lokale angegeben und bewegt sich von 50 Cent (einfaches Lokal) bis hinauf zu 5 € (Luxus). Üblich ist ein Betrag zwischen 1,50 und 2,50 €.

Man achte bei der Bestellung darauf, ob der *servizio* (das Bedienungsgeld, nicht zu verwechseln mit dem Trinkgeld) im Preis enthalten ist, oder ob er aufgeschlagen wird (normalerweise 10 % des Rechnungsbetrages). Ein entsprechender Vermerk steht auf der Speisekarte.

Restaurantkategorien

Preise für ein Menü mit Vorspeise *(primo)*, Hauptgericht *(secondo)*, Beilagen *(contorni)* und Nachtisch *(dolce)* ohne Getränke:

€	bis 25 €
€€	25–50 €
€€€	über 50 €

Florentiner Gastronomie

Ristoranti, Trattorie, Osterie

28 [L9] **Angiolino** €-€€, Via S. Spirito 36/R, www.casatrattoria.com, Tel. 055 2398976. Gemütliche Taverne mit großem Gastraum unterm Gewölbe, karierten Tischdecken und Spezialitäten wie Penne mit Tomaten, Fleisch und Rotwein, *Bistecca alla Fiorentina* und vegetarischen Speisen. Mit 25 € wird man gut satt.

29 [N9] **Brac** €€, Via dei Vagellai 18/R, Tel. 055 0944877, www.libreriabrac.net. Eine Kombination aus Kunstbuchhandlung, Galerie und vegetarischem Restaurant. Auf dem Menü stehen auch zahlreiche vegane Gerichte, die Atmosphäre ist lässig und entspannt. Beliebt auch zum Brunch.

30 [P8] **Cibrèo** €€€, Via del Verrocchio 8/R, Tel. 055 2341100, www.cibreo.com. Das Ristorante ist *die* Adresse, um teuer und elegant zu speisen (wenn man vorbestellt hat). Pasta findet man nicht auf der Karte der Vorspeisen, dafür Suppen und Polenta (z. B. mit frischen Kräutern). Weniger formell geht es in der **Cibrèo Trattoria** gegenüber zu, doch sind die Preise immer noch gepflegt. Drittes Standbein des Cibrèo-Clans ist das gleichnamige Café um die Ecke. Ebenfalls dazu gehören das **Ciblèo Tortelli e Ravioli** mit fernöstlich inspiriertem Essen (Via del Verrocchio 2/R) und das Teatro del Sale (s. S. 79), eine wirklich empfehlenswerte Adresse.

31 [N7] **Da Pepo** €-€€, Via Rosina 4–6/R, Tel. 055 283259, www.pepo.it. In der Osteria von Pepo sitzt man gemütlich, im Sommer an den offenen Fenstern. Die Preise sind reell (z. B. Ravioli mit Radicchio und Pilz-Käse-Füllung 8 €) und in der Saison werden Spezialitäten wie Polenta mit Steinpilzen serviert.

32 [P8] **Da Rocco** €, Piazza Ghiberti/ Mercato di Sant'Ambrogio, Mo.–Sa. 12–14.30 Uhr. Fertige Gerichte von Donatella, schnell auf den Teller und günstig. Es hat seinen Grund, dass sich im Da Rocco Arbeiter und Beamte zum Mittagessen treffen. Typische Florentiner Küche, schmackhaft und in Markthallenatmosphäre.

33 [M9] **Golden View** €€€, Via de'Bardi 58/R, Tel. 055 214502, www.goldenviewopenbar.com. Von außen realisiert man die sich am Arnoufer mit Blick auf den Ponte Vecchio hinziehende Großanlage gar nicht, die Bar, Café, Restaurant, Pizzeria, Weinkeller und Kunstgalerie umfasst. Leicht unterkühlt eingerichtet bezaubert das Panorama in exklusiver Lage, was besonders – aber nicht nur – die Touristen aus Übersee anzieht, die nicht aufs Geld schauen.

34 [N7] **Gozzi Sergio** €, Piazza S. Lorenzo 8/R, Tel. 055 281941, nur Mittagstisch, So. geschlossen. Seit 100 Jahren wird hier hinter den Marktständen versteckt zu Mittag gegessen. Die Einrichtung ist schlicht, dafür illuminieren riesige Leuchten den Gastraum, in dem einfache, leckere Küche wie Spaghetti alle Sarde für 6 € oder Roastbeef für 9,50 € serviert wird. Ist und isst man zu mehreren, bestelle man das *Bistecca alle Fiorentina* (40 €/kg), authentisch und köstlich.

35 [L9] **Gustapanino** €, Via de' Michelozzi 13/R, Tel. 055 285003, Mo. geschlossen. Eines der beim jungen Publikum beliebtesten Lokale an der Piazza S. Spirito, nicht nur wegen der niedrigen Preise, sondern auch wegen der Stimmung und der Lage am Eingang zur Piazza S. Spirito.

36 [K9] **I' Brindellone** €, Piazza Piattellina 10–11/R, Tel. 055 217879, Mo. geschlossen. Das feste Menü an den einfachen Holztischen kostet etwa 10 €, à la carte steht die toskanische Gemüsesuppe mit 5 € und das gebratene Hirn mit 10 € auf der Rechnung. *Salsicce e Fagioli* (Wurst mit Bohnen), eine weitere toskanische Spezialität, kostet ebenfalls 10 €.

37 [L8] **Il Latini** €€, Via del Palchetti 6/R, Tel. 055 210916, www.illatini.com, Mo. geschl., Di.–Fr. nur abends. Die

022fl Abb.: sk

Einen romantischen wie eleganten Platz für zwei bietet das Caffè Cibrèo

Fiaschetteria (ursprünglich ein Weinladen) hat als Restaurant Tradition, auf die Tische kommt beste toskanische Küche zu erschwinglichen Preisen. Zur gemütlichen Atmosphäre tragen nicht nur die großen Schinken über der Theke bei (an der man auch nur eine Portion Schinken mit einem Glas Wein zu sich nehmen kann). Die Gemüsesuppe mit Brot kostet 7 €, ein *Misto della Casa* ab 10 € und der Liter offener Wein (und kein schlechter!) 12 €.

38 [N6] **Il Vegetariano** €, Via delle Ruote 30/R, Tel. 055 475030, www.il-vegetariano.it, Sa. und So. nur mittags, Mo. nur abends. Bestellt wird am Küchenfenster, z. B. Standards der vegetarischen Küche und Ausgefalleneres wie Couscous, vorzügliche Nachspeisen und Getränke (auch Bier und Wein) aus organischem Anbau, informelle Atmosphäre.

In ganz Florenz sitzt man im Sommer draußen, abends und tagsüber

39 [N6] **Kitsch DEVX** €, Via San Gallo 20/R, Tel. 055 3841358, www.kitschfirenze.com. Ist es Pub, Bar oder Restaurant? Kitschig – und angesagt – ist es auf alle Fälle, was aber nicht auf das Buffet zutrifft. An ihm darf man sich zwischen 19 und 21 Uhr für 12 € bedienen (mit einem Getränk), weitere Getränke gehen dann extra. Meist bestellen die Gäste Bier: darunter die Marken Grimbergen, Brugs, Slalom (!). Es wird aber auch Kapuziner Weißbier oder natürlich Wein angeboten. Nach 22 Uhr spielt der DJ den Studenten auf.

40 [M7] **La Burrasca** €, Via Panicale 6/R, Tel. 055 215827, Mo. geschlossen. Kleine Tageskarte, kein Fisch, kein Freisitz, unauffällig, billig, aber einer der charmantesten Orte der Stadt. Die Besitzer Elio (aus Sizilien) und Simone (aus Florenz) haben die seit 1925 existierende Kneipe 2005 übernommen, wenig geändert und machen schnörkellose, bestens mundende Küche. Sizilien steht als Garant für Bodenständigkeit, Florenz für die Spezialitäten. Und Simone lässt es sich keinesfalls nehmen, jedes

Jahr aufs Neue beim Calcio (s. S. 93) sein Viertel mit Fäusten und Ellbogen zu vertreten – was die Fotos an den Wänden dokumentieren. Mit unter 20 € pro Person wird man zufrieden nach Hause gehen (oder schwanken).

41 [O7] **La Mescita** €, Via degli Alfani 70/R, Tel. 338 9922640, Mo.–Sa. nur tagsüber geöffnet. Kleines Lokal, in dem sich Studenten und Geschäftsleute treffen und sich die Tagesspezialitäten einverleiben: Mo. z. B. *Trippa alle Fiorentina,* Mi. *Porchetta* (Spanferkel) und Fr. Stockfisch. Ein Gericht kostet ca. 8 €. Man kommt entweder früh oder spät zum Mittagessen, sonst findet man an den vier kleinen Tischen wahrscheinlich keinen Platz.

42 [M7] **La Padellaccia** €, Via S. Antonino 19/R, www.lapadellaccia.com, Tel. 055 288158, So. geschlossen. Toskanische Küche mit „wiederentdeckten Aromen" und Spezialitäten wie *Bistecca alla Fiorentina*. Das Menü mit *primo* und *secondo* sowie Beilage und Wasser kostet etwa 15 €. Wenn die Tische vorne besetzt sind, gibt es hinten noch großzügige Räumlichkeiten und einen kleinen, kühlen Innenhof.

43 [Q8] **La Raccolta** €, Via Giacomo Leopardi 2/R, Tel. 055 247 9068, www.laraccolta.it, So. geschl. Vegetarische/vegane Bar, Restaurant und Verkauf von Bio-Lebensmitteln. Das Ambiente ist eher rustikal und alternativ, die Küche spricht nicht unbedingt die feinsten Geschmacksnerven an, ist aber wohlschmeckend, und die Portionen sind mächtig.

EXTRATIPP

Für den späten Hunger

Im **Golden View** (s. S. 75) kann man noch bis Mitternacht Pizza essen, nicht gerade billig, aber mit Blick auf den Ponte Vecchio **31**.

44 [N6] **Le Fate e le Stelle** €€€, Via San Zanobi N. 126/R, Tel. 055 4633414, www.ristoranteveganolefate.it, So. geschl. Hochklassige vegetarische und vegane Küche in elegantem Ambiente. Le Fate, die Feen, verstehen es buchstäblich, ihre Gäste zu verzaubern.

45 [P8] **l'Ortone** €€–€€€, Piazza Ghiberti 87/R, Tel. 055 2340804, www.lortone.it, So. geschlossen. Am Mercato S. Ambrogio isst man in auf elegant getrimmter Gemütlichkeit zwischen Bruchsteinmauerwerk und Holzverkleidungen die Standards der Florentiner Küche wie das *Bistecca* und – eine Seltenheit in Florenz – es gibt Gerichte speziell für die Kleinen, z. B. Nudeln mit roter Sauce oder Schnitzel mit Pommes.

46 [L9] **L'OV Osteria Vegetariana** €€, Piazza del Carmine 4/R, Tel. 055 2052388, www.osteriavegetariana.it, So. abends und Mo. mittags geschl. Ein bisschen Gewächshaus, ein bisschen Gewölbe – leichtes Ambiente und vegetarische Gerichte, die Italien nicht verleugnen.

47 [M7] **Nerbone** €, Mercato Centrale, Tel. 055219949, geöffnet zu Marktöffnungszeiten. Mitten in der Markthalle steht ein guter Imbiss, in dem schnelle Gerichte und das beste Kuttel-Sandwich der Stadt gezaubert werden. Die Stehtische teil man sich mit Einheimischen.

› **Olio & Convivium** €€€ (s. S. 90), Mo. geschlossen, www.oliorestaurant.it. Eine Institution für Gourmets, die raffinierte toskanische Küche erleben wollen, samt ausgezeichnetem Weinkeller. Man sitzt elegant und separiert in einem der vielen kleinen Räume. Um 50 € sollte man für das Menü schon rechnen, wer sich in der Weinkarte verliert, zahlt ein Vielfaches.

48 [M7] **Palle d'Oro** €, Via S. Antonino 43–45/R, Tel. 055 288383, www.trattoriapalledorofirenze.com So. geschlossen. Man geht nach hinten durch und speist an kleinen Tischen zwi-

EXTRATIPP

Vegetarische und vegane Küche

In Italien ist der Markt für vegetarische/vegane Restaurants relativ klein, weshalb des öfteren Lokale schließen müssen. Doch wenn eines zumacht, eröffnet sicherlich bald ein anderes. Bei **Ruth's** (s. rechts, koscher) erhält man immer auch schmackhafte Gerichte ohne Fleisch. **Angiolino** (s. S. 74) ist für seine Gemüsegerichte in der ganzen Stadt bekannt und beliebt (natürlich gibts auch Fleisch). **Il Vegetariano** (s. S. 76) macht seinem Namen alle Ehre – ausschließlich vegetarische Kost und alles aus biologisch-organischem Anbau. Die **L'OV Osteria Vegetariana** (s. S. 77) – die im alten Fischmarkt mit seinen hellen Marmorwänden Unterschlupf gefunden hat – ist ein recht neuer Stern am Himmel des gesunden Florenz. Ganz anders präsentiert sich **Brac** (s. S. 74), Kunstbuchhandlung und vegetarisch/veganes Restaurant in Einem: Weiße Regale, Stühle und Tische betonen den intellektuellen Touch, der die feine Küche unterstreicht. Fein und elegant präsentiert sich auch **Le Fate e le Stelle** (s. S. 77), vegetarisch und vegan, versteht sich, mit fantasievollen Menükompositionen, die schon beim Lesen den Appetit anregen. Ganz im Geist der alternativen Bio-Küche, ein bisschen improvisiert und selbst gebastelt, empfängt **La Raccolta** (s. S. 77) seine Gäste. Das Restaurant ist zugleich Biomarkt, sodass man die Produkte, aus denen die leckeren Speisen komponiert werden, auch gleich mitnehmen kann.

schen Einheimischen. Norditalienische Spezialitäten wie *bollito misto* (Fleischeintopf) oder Florentinisches wie *trippa* (Kutteln). Das *antipasto* und *primo* kosten um 4 € und *secondo* nicht viel mehr als 10 €.

49 [M9] **Quattro Leoni** €€-€€€, Via de'Vellutini 1/R, Tel. 055 218562, www.4leoni.com. Schon die kleine Piazza verströmt Charme, wenn dann während einer Woche im September auch noch Konzerte stattfinden, kennen die Florentiner kein Halten mehr. Aber auch sonst ist es ratsam, vorher einen Tisch zu reservieren. Die Küche hat erste Qualität, was sich nicht immer im Preis ausdrücken muss, 40 € (wenn man sich auf den Hauswein beschränkt) sollte man pro Person rechnen. Zu den illustren Gästen gehörten Anthony Hopkins, Lucy Liu, Peter Weller und Isabella Rossellini.

50 [P8] **Ruth's** €€, Via I. C. Farini 2/a, Tel. 055 2480888, www.kosheruth.com, So.–Do. durchgehend, Fr. nur mittags, Sa. nur abends geöffnet. Unter den wachen Fotoaugen von Kafka und Groucho Marx wird jüdisch-korrektes Essen bereitet (von Rabbi Rav Joseph Levi kontrolliert), das man an Holztischen im Hochparterre neben der Synagoge einnimmt.

51 [K8] **Sabatino** €, Via Pisana 2/R, Tel. 055 225955, www.trattoriasabatino.it, Sa./So. geschlossen. Seit 1956 kommen die Florentiner hierher, um im großen Saal sensationell günstige florentinische Küche zu erleben. Auf die Plastiktischdecken kommt die Pasta zu 5–6 €, das Hauptgericht zu 7–10 € und das Viertel Wein unter 3 €. Es schmeckt – was will man mehr?

52 [P8] **Tavola Calda La Ghiotta** €, Via Pietrapiana 7/R, Tel. 055 241237, Mo. abends geschlossen. Sympathische Rosticceria und Pizzeria für eine Mahlzeit ohne Umschweife, Gerichte ab 5 €, ein Viertel Wein 3 €.

53 [P8] **Teatro del Sale** €€-€€€, Via dei Macci 111/R, Tel. 055 2001492, www.teatrodelsale.com, sonntagmittags, montags und im August geschlossen. Ca. 10 € kostet die Mitgliedschaft, dann darf man ein Jahr lang hinein ins Salztheater und sich abends am Buffet für 30 € den Bauch vollschlagen. Aber auch zum Frühstück und Mittagessen kann man sich hier niederlassen. Im Eingangsbereich wird natürlich Salz verkauft, vom Himalaya, aus Bolivien, Madagaskar, Peru, Persien und Italien: rein oder mit Aromen, aber auch Marmeladen, Gewürze und Eingelegtes füllen die Regale. In der Lounge Area stehen breite Fauteuils, Bücher, Zeitungen und Magazine bereit, beim Diner wird Musik aufgespielt oder Varieté gegeben. Ein rundum gelungener Abend sollte garantiert sein.

54 [M7] **Vecchio Mercato** €€, Piazza Mercato Centrale 12-13/R, Tel. 055 211978, www.vecchiomercato.fi.it. Hier werden traditionell, aber nicht nur, Hase und Kutteln vom schnellen und aufmerksamen Personal serviert. Empfehlenswert sind auch die Pizza und die Pasta mit Wildschwein. Trotz der engbestuhlten Terrasse am Markt ist es nicht ungemütlich.

Pizza und Pasta

55 [O10] **Il Bastioni di San Niccolò** €, Via Bastioni 9/R, Tel. 055 2476760, www.facebook.com/bastionisanniccolo. Pizza, Pizza gerollt, Pizza geklappt (aber nicht nur) – alles sehr lecker und schnell auf dem Tisch. Das Lokal verfügt über eine kleine Terrasse, gute Lage unterhalb des Piazzale Michelangelo.

56 [M8] **La Bussola** €€, Via Porta Rossa 58/R, Tel. 055 293376, www.labussolafirenze.it. Modernes Restaurant mit florentinischen Spezialitäten und guter Pizza, man sitzt an Tischen oder der Theke.

EXTRATIPP

Dinner for one

Im **La Burrasca** (s. S. 76) – vorausgesetzt, man hat die Herzen von Elio und Simone gewonnen oder zumindest nicht verloren – kann man gut alleine dinieren und kommt, so man es will, auch mit anderen Gästen ins Gespräch.

57 [Q9] **Le Carceri** €€, Piazza Madonna della Neve 3, Tel. 055 2479327, www.facebook.com/lecarceri. Hierher kommt man in erster Linie wegen des Ambientes – wo kann man sonst in ehemaligen Gefängniszellen essen? Vorrangig werden Pizze, Focacce und Calzoni serviert.

58 [N8] **Pizzeria del Duomo** €, Piazza di San Giovanni 21, Tel. 055 210719. Schnellrestaurant mit guter Pizza und Tischen draußen mit Blick auf den Domplatz.

59 [N4] **Spera i Spera** €, Via Cernaia 9/R, Tel. 055 495286, Mo. und Sa./So. mittags geschl. Nach vielen Meinungen eine der besten Pizzerie der Stadt (neapolitanischer Stil), und das zu günstigen Preisen. Wenn der Andrang groß ist, leidet der Service aber etwas.

Enoteca/Cantina

60 [O10] **Bevo Vino,** Via di San Niccolo 59/R, Tel. 055 2001709. Helles Holz, Wein aus der Toskana, hier wird voller Ernst degustiert und diskutiert – nicht der passende Ort für ein schnelles Glas zwischendurch.

61 [O9] **Boccadama,** Piazza S. Croce 25-26/R, Tel. 055 243640, www.boccadama.com, Mo. geschlossen. Weinbar mit Schleckereien wie Salami und Käse auf bunten Tellern und auch größere Gerichte (Lasagne al Forno!). In zwei gemütlichen Gastzimmern kann man sich an den Holztischen durch fast 400

EXTRATIPP

Essen mit Aussicht

Ganz sicher die exklusivste Sicht auf Renaissancearchitektur hat man vom **Golden View** (s. S. 75) neben dem Ponte Vecchio gegenüber den Uffizien. Wer nur Kleinigkeiten will, wird im **Flò** (s. S. 82) direkt unterhalb des Piazzale Michelangelo glücklich. Für Kaffee und Kuchen geht man ins Dachcafé des **La Rinascente** (s. S. 86).

Auf die Hand

66 [N7] **Focacceria Pugi,** Piazza San Marco, Tel. 055 669666, www.fornopugi.it. In langen Schlangen stehen die Menschen an der Theke und holen sich eine *schiaccata* – die beste der Stadt. Diese Spezialität aus Mehl, Olivenöl, Schmalz und Eiern wird auf dem Blech gebacken. Über den Tresen gereicht isst man sie direkt aus dem Papier.

67 [N9] **All'Antico Vinaio,** Via de' Neri 65, Tel. 055 2382723, www.allanticovinaio.com. Alteingesessener Laden mit köstlichen belegten Brötchen, kalten Platten und vorzüglichem Wein, den man – glasweise ausgeschenkt – am besten mit einem Panino in der Hand an der Bar genießt. Das Lokal, das eines der meistrezensierten der Welt ist, musste sich auf drei Verkaufsstellen erweitern (und dennoch sind die Schlangen lang).

68 [M7] **La Norcineria,** Via S. Antonino 21/R, www.lanorcineria.firenze.it, Tel. 055 294859. Im Straßenverkauf gibt es das belegte Panino für unter 3 €. Hier kann man Spezialitäten der traditionellen italienischen Küche wieder neu entdecken und selbst genießen oder als Souvenirs mitnehmen.

Weine probieren und sich wie auf dem Lande fühlen. Im Sommer besteht zudem die Möglichkeit, draußen zu sitzen.

62 [N8] **Borgovino,** Borgo S. Lorenzo 21/R, Tel. 055 2398557. Weine aus ganz Italien und dazu eine breit gefächerte Auswahl an *Panini*.

63 [M8] **Cantinetta Antinori,** Piazza Antinori 3, Tel. 055 292234, www.cantinetta-antinori.com, Sa./So. geschlossen. Im gleichnamigen Palazzo wird – Adel verpflichtet – Rebensaft von den eigenen Gütern ausgeschenkt. Auch eine beliebte Adresse fürs Mittagessen. Hierhin kommt man nicht in Shorts, schick und teuer – und mit Dependancen in Wien, Zürich und Moskau.

64 [M7] **Casa del Vino,** Via dell'Ariento 16/R, Tel. 055 215609, www.casadelvino.it, So., Juni bis Sept. auch Sa. und im gesamten Aug. geschlossen. Um 19 Uhr wird das Lokal schon zugesperrt, deshalb das Glas Wein als Aperitif einplanen und für den ersten Hunger eine Platte mit Wurst oder Käse oder ein geröstetes Brot mit Leber bestellen. Getrunken und gegessen wird im Stehen, der kleine Tisch gehört denen, die es nach mehreren Gläsern nötiger haben.

65 [M7] **Fratelli Zanobini,** Via Sant'Antonino 47/R, Tel. 055 2396850, www.lelame.com, So. geschlossen. 2500 Etiketten nicht nur aus der Toskana, Schnäpse und Schampus warten auf die Degustation. Probieren sollte man die Weine aus eigener Produktion. Außerdem sind Snacks im Angebot.

Straßencafés sind an allen Ecken und auf allen Plätzen zu finden

69 [N8] **I Fratellini,** Via dei Cimatori 38/R, www.iduefratellini.com, Tel. 055 2396096, So. geschlossen. Die beiden Brüder sind schon immer da und die Gäste auch. Ein Glas Wein im Stehen und dazu ein belegtes Brötchen – typischer gehts nicht.

70 [M9] **Le Volpi e l'Uva,** Piazza del Rossi 1/R, Tel. 055 2398132, www.levolpieluva.com, Mo.–Sa. 11–21 Uhr. Wer auf der Terrasse sitzen will, muss mit Sicherheit warten, drinnen kommt man schneller an ein Glas, in das vornehmlich Weine von unbekannteren kleinen (aber nicht schlechteren) Produzenten gegossen werden. Dazu wird Käse aus dem Land und aus Frankreich oder eine Wurstplatte gereicht.

Cafés

71 [N8] **Bar Alighieri,** Piazza S. Martino 1/R, Tel. 055 215646. Hinter dem Haus von Dante sitzt man an den wenigen Tischen draußen im Schatten und sieht die Kutschen durch die enge Gasse fegen.

72 [M9] **Caffè degli Artigiani,** Via dello Sprone 16/R, Tel. 055 291882, www.caffedegliartigiani.wordpress.com. Nahe dem Quattro Leoni (s. S. 78) sitzt das vornehmlich junge Publikum an kleinen, grünen Tischchen an der Straße. Hier genießt man in intimer Atmosphäre köstliches Eis, trinkt Espresso und knabbert an Crostini – *simpatico!*

73 [M7] **Caffè Le Rose,** Piazza dell'Unita Italiana, Tel. 055 218909. Der Freisitz ist eine kleine grüne Oase in einer Ecke des Platzes. Hier werden Kaffee, *Panini* (3 €) und später Cocktails serviert.

74 [P9] **Le Murate – Caffè Letterario,** Piazza delle Murate, Tel. 055 2346872, www.lemurate.it, tgl. 9–1 Uhr. Das schicke Literaturcafé residiert im Kulturkomplex Le Murate, dem ehemaligen Florentiner Gefängnis. Es fungiert als Tagescafé, kleines Restaurant, Bar und Veranstaltungsort für Lesungen und literarische Runden.

75 [O9] **Moyo,** Via de' Benci 23/R, Tel. 055 2479738, www.moyo.it. Amerikanisches Frühstück ab 8 Uhr, gegen Abend gewinnt der Bar-Charakter zunehmend, wenn die Geschäftsleute für einen Drink in der blauen Stunde kommen.

76 [O9] **Oibo,** Borgo dei Greci 1/1a, Tel. 055 2638611, www.oibofirenze.com. Das extrem gestylte Restaurant/

Café mit Barcharakter und Kronleuchter ist in helle Töne getaucht. Sein dennoch warmes Licht verschönt die Nachtschwärmer zur Geisterstunde. Das verschworene Publikum ist fast immer in bester Stimmung.

77 [N9] **Rivoire,** Piazza della Signoria 5/R, Tel. 055 2214412, www.rivoire.it. Auf der Piazza della Signoria zu sitzen hat seinen Preis, besonders wenn man etwas essen will. Also sollte man sich auf die Trinkschokolade beschränken, sie ist selbst produziert und köstlich – und für das (kleine) Loch im Geldbeutel wird man mit Blicken auf das Treiben vor dem Palazzo Vecchio belohnt.

78 [M8] **San Pancrazio,** Via della Spada 37/R, Tel. 055 218954. Auf dem kleinen Platz gegenüber dem Museo Marino Marini 4 lässt sich gut eine kleine Pause mit einem Espresso einlegen, dazu schmecken Panino, Dolce oder ein Eis.

79 [P8] **Sant'Ambrogio,** Piazza S. Ambrogio 7–8/R, Tel. 055 2477277. Kühl und modern in schickem Schwarz und Rot gehalten, hier nimmt man einen schnellen Espresso, isst Crostini, schlürft am frühen Abend Cocktails, sitzt auf der Terrasse oder steht in Gruppen an der Ecke rum.

Gelaterie

80 [N8] **Festival del Gelato,** Via del Corso 75/R, Tel. 055 294386. Über 80 Geschmacksrichtungen, für die sich lange Schlangen bilden.

81 [N8] **Grom Gelateria,** Via del Campanile 2, Tel. 055 216158, April bis Sept. 10.30–24 Uhr. Bei Jugendlichen besonders beliebte Kettengelateria.

82 [O8] **Il Gelato Vivoli,** Via dell'Isola delle Stinche 7/R, Tel. 055 292334, www.vivoli.it. Seit 1930 wird hier Eis gemacht und verkauft. Die Florentiner meinen, die Qualität hätte sich nie verschlechtert.

Florenz am Abend

Wenn im Sommer die drückende Tageshitze abends nachlässt, ist es an der Zeit, die kühle Wohnung zu verlassen und die Straßen zu bevölkern, im Restaurant zu speisen, am Corso teilzunehmen und ab und an in einer Bar ein Getränk zu bestellen. Wer dann noch unternehmungslustig ist, stürzt sich ins Florentiner Nachtleben.

Nachtleben

Lounges/Klubs/Bars

83 **Blanco Beach Bar,** Via Generale dalla Chiesa 11, Tel. 333 4955272, www.blancobeachbar.it, nur im Sommer tgl. ab 21. Kennt man sich aus, geht man vor 1 Uhr nicht hin – und dann auch eigentlich nicht zum Tanzen, sondern um richtig cool zu sein. Einzige Strandbar der Stadt und ohne Strand, dafür Beachfeeling in Neonblau und mit kubischer Möblierung. Nicht besonders günstig und strenge Türsteher, die am Wochenende nur die reinlassen, die bekannt sind.

84 [J2] **Café de Paris,** Piazza Dalmazia 7/R, Tel. 055 4220505, www.cafedeparis.it. Kubische Einrichtung, schicke Menschen, Cocktails mit Livemusik oder DJ, getanzt wird nur samstags. Die meisten sitzen viel lieber auf der Terrasse und winden sich wohlig unter den Blicken.

85 [K9] **Dolce Vita,** Piazza del Carmine, Tel. 055 284595, www.dolcevitaflorence.com. Cocktailbar, Weinbar, mittags Bistro, immer Kunstgalerie. Die stylishe Einrichtung erfordert einen gewissen Gleichmut. Wenn Partys stattfinden, wird am Einlass gehauen und gestochen, ansonsten steht man friedlich auf der Piazza und schnappt Luft.

86 [P10] **Flò,** Viale Michelangelo 84, Tel. 334 1080164, www.flofirenze.com, 20. Mai bis Ende Sept. ab 19.30 Uhr. Toller Blick über die Stadt im Freien und

Grünen unterhalb des Piazzale Michelangelo. Kleine Naschereien und Cocktails, Bier und Wein. Einer der besten Plätze, um den Abend zu beginnen, später wird es recht voll.

87 [N10] **Il Bar del Forte,** Via del Forte di San Giorgio, Tel. 338 3474347, www.fortedibelvedere.it, Juni–Mitte Okt. Di.–Do. 11–20.30, Fr.–So. 11–23 Uhr. Aperitifs und Cocktails in lockerem, elegant-exklusivem Ambiente und ein unvergleichlicher Blick auf das abendliche Florenz.

88 [M8] **Il Manifattura,** Piazza San Pancrazio 1/R, Tel. 055 2396367, Di.–So. ab 18 Uhr. Zurück in die 1930er-Jahre, als das Personal die Cocktails mit Selbstverständlichkeit hochprofessionell abmischte – hier stimmt alles! Und am Sonntag gibt's mittags immer ein Essevent, bei dem man den Kater vergisst. Fazit: Responsible drinking!

89 [M9] **La Terrazza Bar,** Vicolo dell'Oro 6/R, www.lungarnocollection.com, Tel. 055 27265806, Mi.–So. 15–22 Uhr. Die Terrasse beim zum Continental-Hotel gehörigen Torre dei Consorti am Arnoufer ist ideal für einen Drink in den Abendstunden mit Domkuppel und Campanile vor Augen. Wer hat, der hat: Das fantastische Panorama diktiert die Preise. Die Musik ist angenehm unaufdringlich, perfekt zum Chillen.

Jazz

90 [O8] **Jazz Club,** Via Nuova de'Caccini 3, www.facebook.com/jazzclubfirenze.it, Tel. 055 2479700, Sept.–Juni Di.–Sa. ab 21 Uhr, Konzerte beginnen 22.30 Uhr, Eintritt mit einem Getränkegutschein 6 €. Ernstzunehmende Jazzkneipe etwas ab vom Zentrum östlich des Doms mit wechselndem Programm und Jamsessions in intimer Atmosphäre.

91 [T11] **Pinocchio Jazz,** Viale D. Giannotti 13, Tel. 055 683388, www.pinocchiojazz.it, Eintritt bis 10 €, hinzu kommt die obligatorische Mitgliedskarte (12 €). Im Pinocchio treten die Bekannten und Unbekannteren vor vornehmlich studentisch-intellektuellem Publikum auf. Die Drinks sind günstig und die Atmosphäre entspannt.

Discos

92 [L8] **Space Club,** Via Palazzuolo 37, www.facebook.com/spacefirenze2, Tel. 055 293082, tgl. ab 21 Uhr. Nicht weit vom Bahnhof wird auf drei Etagen abgetanzt. Nicht unbedingt der Ort für die Florentiner Szene, dafür mit vielen erlebnishungrigen Tourist(inn)en, weswegen dann doch relativ viele Student(inn)en aus der Stadt da sind. Buntes Musikgemisch, aber immer tanzbar. Das Kartensystem für die Getränke ist etwas mühsam.

93 [A2] **Tenax,** Via Pratese 46, www.facebook.com/TenaxOfficialPage, Tel. 055 282340, Do.–Sa. ab etwa 23 Uhr, 10–20 € Eintritt. Im Nordwesten des Zentrums Richtung Flughafen. Die Disco ist groß, laut, hektisch und protzt mit den großen Namen der DJ-Szene am Plattenteller. Zwei Tanzbereiche, manchmal auch Livemusik.

94 [M8] **Yab Yum,** Via Sassetti 5/R, Tel. 055 215160, www.yab.it, Mo., Mi.–Sa. ab 21 Uhr, 15 € Mindestkonsum, sonst wird Eintritt fällig. Bis 23 Uhr kann man im Restaurant essen (festes Menü 25 € für die Damen, 30 € für die Herren, Mi. Buffet für 11 €), danach gehts los, wenn die Livemusik oder die DJs den Schönen einheizen. Ab und an kommt auch Prominenz (nicht nur) aus Italien.

Theater, Konzerte, Shows

95 [L2] **Auditorium Flog,** Via M. Mercati 24b, Tel. 055 477978, www.flog.it. Konzerte mit Kulturanspruch und Festivals wie das des ethnografischen Musikfilms, aber auch ganz simpel Punk, Rock, Ska und Dub.

96 [W9] **Obi Hall,** Lungarno Aldo Moro 3, Tel. 055 6504112, www.obihall.it. Veranstaltungsanlage in Zirkuszeltform für Theater, Rock- und Jazzkonzerte sowie Shows, unterstützt von der Baumarktkette, die deshalb Namensgeber ist.

97 [J7] **Teatro del Maggio Musicale,** Piazza Vittorio Gui 1, Tel. 055 2779350, www.maggiofiorentino.com. Opern, Konzerte und Ballett in der Spielsaison von September bis Juni in den drei Spielstätten Sala Grande (2000 Plätze), Picolo Teatro (500) und Teatro Goldoni (350).

98 [O8] **Teatro della Pergola,** Via della Pergola 18–32, Tel. 055 0763333, www.teatrodellapergola.com. Sehenswertes Logentheater von 1657 mit zwei Sälen (1500 u. 300 Plätze), Theaterstücke und Konzerte. Im Pergola wurden die Opern von Mozart in Italien uraufgeführt.

› **Teatro del Sale.** Erst im Restaurant essen, dann Kulturgenuss bei Theater, Konzert oder Varieté (s. S. 79).

99 [O8] **Teatro Verdi,** Via Ghibellina 91/R, www.teatroverdifirenze.it, Tel. 055 212320. Theaterstücke, Konzerte und Tanzaufführungen/Ballett im Logentheater von 1901 mit 1500 Plätzen. Das Äußere mag abschrecken, doch innen ist das Theater mehr als akzeptabel.

Smoker's Guide

Italien besitzt eines der strengsten **Rauchverbote** Europas. In **allen öffentlichen Räumen** und in den geschlossenen Räumlichkeiten der Gaststätten, Cafés etc. ist das **Rauchen strengstens untersagt**. Zur Durchsetzung hat der Staat die Gastronomen mit Hilfspolizeikompetenz ausgestattet, die sie verpflichtet, das Rauchverbot zu überwachen. Wegen der hohen Strafen sowohl für rauchende Gäste als auch duldende Wirte kommt es nirgendwo zu Zuwiderhandlungen.

Florenz für Shoppingfans

Zahllose Geschäfte sind über die ganze Altstadt verteilt, und wer in der Toskana urlaubt, kommt nach Florenz, um Kunst einzuatmen und die Modeläden zu durchstöbern. Trendige Kleidung und Accessoires gibt es in den Geschäften mit den großen Namen zu hohen Preisen – und in den kleinen Boutiquen abseits der Haupteinkaufsstraßen nicht weniger authentisch, aber weitaus günstiger.

Shopping-Hotspots

› **Haupteinkaufsstraße** ist die **Via dei Calzaiuoli** [N8] zwischen der Piazza del Duomo und der Piazza della Signoria.

› Wer an **Mode** interessiert ist, findet sie an der **Via de Tornabuoni** [M8] und in den von ihr nach Westen abzweigenden Gassen **Via del Sole** [M8] und **Via delle Belle Donne** [M8], wo sich die Auslagen in aller Ruhe betrachten lassen. Nur wenige Schritte entfernt haben sich in der **Via della Vigna Nuova** [L/M8] und der **Via della Spada** [M8] junge, aufstrebende Kreative niedergelassen. Vintage- und alternative Mode findet sich in großer Auswahl in Santa Croce 18.

› Wer **Schmuck** sucht, macht dies traditionell auf dem **Ponte Vecchio** 31. Nahtlos sind dort die „Juwelierläden“ aneinandergefügt und als reiche die Sonne nicht aus, um Gold- und Silberwaren aufblitzen zu lassen, illuminieren starke Scheinwerfer die Schaufenster bis knapp unterhalb der Schmerzgrenze.

In der Altstadt finden sich noch die kleinen Läden an der Ecke

Feste Märkte

› Haupt- und Vorzeigemarkt ist der **Mercato Centrale** 8 (Marktstände Mo.–Fr. 7–14, Sa. 7–17 Uhr, Lokale in der ersten Etage tgl. 10–24 Uhr, www.mercatocentrale.it) mit zahlreichen Ständen, die alles für eine reich gedeckte Tafel anbieten: Fisch, Fleisch, Obst und Gemüse, Wurst und Käse, Brot und Gewürze. An den Garküchen werden Spezialitäten auf den Teller gepackt, die man an den Tischen auf die Schnelle isst – beliebtes Mittagsmahl der Florentiner.

› Vornehmlich von Einheimischen besucht wird der Lebensmittelmarkt **Mercato di Sant'Ambrogio** 20 (Mo.–Sa. 7–14 Uhr) im Osten der Altstadt. Hier läuft der Handel handfester, man kennt sich, kurz und knapp wird gesagt, was man will.

› Nur noch für Touristen ist der **Straßenmarkt Mercato San Lorenzo** rund um die Chiesa San Lorenzo 5 in der Via dell'Ariento/Piazza San Lorenzo (Di.–Sa. 8–19 Uhr). Taschen und Tücher, Leder und Lack, Hemden und Hosen wechseln an den Ständen billig den Besitzer. Interessant und pittoresk wird es ab 18 Uhr, wenn die Händler anfangen einzupacken. Wie im Mittelalter klappt man die Stände zusammen, die sich schließlich als Karren entpuppen. Diese werden unter lauten „Attenzione!"-Rufen in die angrenzenden Gassen geschoben und finden für die Nacht Unterschlupf in den tiefen, ebenerdigen Gewölbemagazinen der Wohnhäuser.

013fl Abb.: sk

EXTRATIPP

Ruhe vor dem Sturm!

Es stimmt, dass Florenz oftmals geplagt ist vom Ansturm der Kunstbegeisterten. Will man die Menschenmassen meiden, muss man **früh aufstehen.** In der Frische eines frühen Sommermorgens ist der Blick auf die Renaissancewelt noch nicht verstellt, nur mit dem einen oder anderen zur Arbeit Eilenden teilt man den Bürgersteig. Die Fassaden leuchten im Ocker der ersten Sonnenstrahlen und die schräge Sonne arbeitet kleinste Details heraus.

100 [N8] **Loggia del Mercato Nuovo,** Via Porta Rossa, Di.–Sa. 8–19 Uhr. Unter den hohen Arkaden der **Loggia del Mercato Nuovo** (auch Mercato del Porcellino) aus dem Jahr 1551 werden allerlei Souvenirartikel verkauft (Strohmarkt). Das Streicheln der Schnauze des bronzenen Ebers am Brunnen verheißt Glück und vielleicht günstige Preise.

101 [P8] **Mercato delle Pulci,** Largo Pietro Annigoni, tgl. ab 9 Uhr. Im Laufe des Jahres 2019 eröffnet der bedachte Antiquitäten- und Plundermarkt im Anschluss an den Mercato di Sant'Ambrogio.

015fl Abb.: sk

Markttage

- Im Parco delle Cascine [G/H6] ist jeden Dienstag (7–14 Uhr) **Markttag für alles.** Der größte Markt der Stadt ist Flohmarkt, es gibt Lebensmittel, Haushaltswaren, Elektrogeräte, Kleidung, Antiquitäten und vieles mehr. Die Sachen sind billig, dennoch sollte man nicht den erstgenannten Preis akzeptieren. Nur bei Lebensmitteln sind die Preise fix.
- **Lebensmittelmärkte** sind auch auf der Piazza S. Spirito 36 und der Piazza delle Cure nordöstlich der Piazza della Liberta [O5] zu finden (jeweils Mo.–Sa. 7–14 Uhr).

Auf den Märkten ist das Angebot reichhaltig und erstklassig

Shoppingareale

Die wichtigsten Shoppingbereiche der Stadt sind im Kartenmaterial mit einer rötlichen Fläche markiert.

- **Biologisch korrekte Lebensmittel** werden jeden 3. Sonntag des Monats auf der Piazza S. Spirito 36 verkauft, www.lafierucola.org.
- Der städtische **Blumenmarkt** findet jeden Donnerstag in der Via Pellicceria [M8] an der Piazza della Repubblica statt (10–19 Uhr).
- **Antiquitäten** erhält man jeden zweiten Sonntag (9–19 Uhr, außer Juli/Aug.) des Monats auf der Piazza S. Spirito 36.

Supermarkt

102 [O7] **Conad,** Via dei Servi 56/R, Mo.–Sa. 8.30–20, So. 10.30–20 Uhr. In der Altstadt zwischen Piazza Duomo und Piazza SS. Annunziata verkauft der Supermarkt alles, was man fürs Kochen und die Haushaltführung benötigt.

Kaufhäuser

103 [N8] **Coin,** Via Calzaiuoli 56/R, www.coin.it, Mo.–Sa. 10–20 Uhr, So. 10.30–20 Uhr. Im Kaufhaus wird Bekleidung gehobenerer Qualität für Männer und Frauen in guter Auswahl verkauft, dazu Accessoires und natürlich Kosmetik. Bevor man sich zum Kauf einer Nespresso-Maschine durchringt, sollte man erst einmal ein Tässchen ausprobieren.

104 [N8] **La Rinascente,** Piazza della Repubblica, www.rinascente.it, Mo.–Sa. 10–21 Uhr, So. 10.30–20 Uhr. Edelkaufhauskette mit breitem, hochklassigem Sortiment aus den Bereichen Kleidung, Accessoires, Haushaltswaren und Kosmetik. In der 5. Etage befindet sich eine Terrassencafeteria mit Blick über die Stadt.

Buchhandlungen

105 [N7] **Antiquariat Gozzini,** Via Ricasoli 103/R, Tel. 055 212433, www.gozzini.it. Bietet mit 150.000 Büchern in 23 Räumen auf drei Etagen seit 150 Jahren alles, was das Herz eines Bibliophilen höher schlagen lässt – nicht nur auf Italienisch.

106 [L9] **La Cité Libreriacafé,** Borgo San Frediano 20/R, Tel. 055 210387, www.facebook.com/lacitelibreriacafe. Buchhandlung und Kaffeehaus, das mit zahlreichen Veranstaltungen, Konzerten und Lesungen das Kulturleben der Stadt bereichert.

062fl Abb.: sk

Florenz ist auch ein Einkaufsparadies

Mode als Kulturträger

Wie Mode und Design zum Kulturgut werden, demonstrieren zwei Museen in der Modestadt Florenz: Die in der Stadt beheimateten Unternehmen Salvatore Ferragamo und Gucci begnügen sich nicht mit schicken Showrooms, sie stellen ihre Kulturleistung gleich in firmeneigenen Museen aus.

Die herrische Fassade des 1289 errichteten, zinnengekrönten ***Palazzo Spini Feroni*** *lässt kaum erahnen, was sich hinter den abweisenden Backsteinmauern verbirgt, nämlich unendliche Eleganz. Die Firma von* ***Salvatore Ferragamo,*** *1960 in Florenz verstorbener Grandseigneur des italienischen Schuh- und Modedesigns, residiert darin mit einem Showroom und dem der Geschichte des Unternehmens und dessen Produkten gewidmetem* ***Museo Salvatore Ferragamo.*** *Neben den bezaubernden Ergebnissen von Ferragamos Designer-Kreativität – darunter Kroko-Stilettos, die er für Marilyn Monroe entwarf – ergötzen sich Besucher auch am exquisiten Interieur und den illusionistischen Deckenfresken aus dem 17. und 18. Jh. (s. S. 66).*

Auch in der ***Gucci Garden Galleria*** *fasziniert die Kombination von Ausstellung und Architektur. Lederwaren, Seidentücher und Schmuck der in Florenz entstandenen Luxusmarke werden im 1308 erbauten Palazzo della Mercanzia direkt an der Piazza della Signoria präsentiert, den das Unternehmen aufwendig in modern-minimalistischem Stil renovieren ließ. Ergänzt wird das Angebot durch wechselnde Kunstausstellungen, einen Shop und ein Restaurant (s. S. 65).*

EXTRATIPP

Erholungspause vom Shoppen

- Im **Kaufhaus La Rinascente** (s. S. 86) sitzt man auf der Terrasse in der 5. Etage über den Dächern von Florenz bei Kaffee und leckerem Kuchen.
- Bei **Nerbone** (s. S. 77) im Mercato Centrale (Stand 2B) werden an einfachen Tischen Gargerichte, leckere Panini und Crostini serviert (2–3 €).
- Wer nach dem Einkauf auf dem Mercato Sant'Ambrogio Erholung und eine Mahlzeit benötigt, ist bei **Da Rocco** richtig (s. S. 75).

017fl Abb.: sk

107 [M8] **LaFeltrinelli,** Via dei Cerretani 40/R, www.lafeltrinelli.it, Tel. 199151173, So.–Fr. 9–21, Sa. 9–22 Uhr. Hier gibt es nicht nur fremdsprachige Reiseführer und Karten, man erhält auch Literatur in deutscher Sprache.

Accessoires

108 [P9] **Abacus,** Via der Macci 50/R, Tel. 345 3280318, www.abacusfirenze.com. Wer sein gerade erworbenes antiquarisches Buch aufwerten will, geht zu den Buchrestauratoren und lässt ihm einen Ledereinband verpassen.

109 [N8] **Lilium,** Via del Proconsolo 77/R, Tel. 055 284136, www.lilium-florence.it. Qualitativ hochwertige und nicht so günstige Lederwaren aus eigener Produktion

110 [N8] **Taddei,** Via S. Margherita 11, Tel. 055 2398960. Lederartikel wie Schatullen, Bucheinbände, Geldbeutel und Brieftaschen stellt der Familienbetrieb seit den 1930er-Jahren her, eine kleine Manufaktur wie aus einer anderen Zeit.

Mode

111 [M8] **Borsalino,** Via Porta Rossa 40, Tel. 055 218275, www.borsalino.it. Auch wenn unter der Krempe nicht die bedrückten Augen Alain Delons hervorstechen, ein Borsalino-Hut ist immer sein Geld wert, wenn er auch zwischen 200 und 750 € kostet.

112 [N8] **Desii,** Via Borgo San Lorenzo 4/R, Tel. 055 2670425. www.facebook.com/desiistore. Schuhe, Accessoires und Klamotten, Vintage oder neu – in diesem angesagten Laden für Streetware wird jeder Shoppingfan fündig, der unbedingt die neuesten Converse oder Dr. Martens braucht.

113 [M8] **Ermanno Scervino,** Via degli Strozzi 32/R, www.ermannoscervino.

it, Tel. 055 2608714. Männer-, Frauen- und Kindermode, Streetware und Accessoires von Italienern, die es geschafft haben.

114 [P8] **Lisa Corti,** Piazza Ghiberti 33/R, Tel. 055 2345837, www.lisacorti.com. Farbenfrohe Stoffe, geschmackvolle Keramik, auch Möbel und Kinderkleidung sind im Angebot – ein buntes Kontrastprogramm zum grau-beige-schwarzen Einerlei.

115 [M9] **Martelli,** Via Por S. Maria 18/R, Tel. 055 2396395, www.martelligloves.it. Wem teure Handschuhe nicht genügen, legt noch eins drauf und lässt sie sich direkt auf die Hand nähen.

116 [M8] **Michele Negri,** Via degli Agli 3/R, www.michelenegri.com, Tel. 055 212781. Gehört zur raketengleich aufsteigenden nächsten Generation der Modeschöpfer.

117 [N8] **Pusateri,** Via Calzaiuoli 25/R, Tel. 055 214192. Feine Handschuhe der gehobenen Preiskategorie aus verschiedenen Stoffen und Leder in allen erdenklichen Farben.

118 [L9] **Roberto Ugolini Calzature,** Via de' Michelozzi 17/R, Tel. 055 216246, www.roberto-ugolini.com. Maßschuhe in Handarbeit und nach den klassischen Modellvorstellungen der Kunden, vornehmlich der Herren.

119 [Q8] **Société Anonyme,** Via Niccolini 3/F, www.societeanonyme.it, Tel. 055 3860084. Neueste Modetrends aus Skandinavien, Russland und England, dazu gibts Events, Ausstellungen und Musik.

Schmuck

120 [L9] **Angela Caputi-Giuggiu,** Via S. Spirito, 58/R, Tel. 055 212972, www.angelacaputi.com. Hier gibt es fantasievoll kreierten Schmuck aus Plastik – die 1950er-Jahre lassen vehement grüßen.

EXTRATIPP

Mode-Outlets

Die Fabrikverkäufe der großen italienischen Modemarken finden sich alle etwas außerhalb von Florenz – das zu erwartende Schnäppchen macht die Anreise allemal wett.

121 Barberino Designer Outlet, Via Meucci, Barberino di Mugello, www.mcarthurglen.com, Tel. 055 842161, Di.–Fr. 10–20, Sa./So. 10–21 Uhr, Jan./Juni–Sept./Dez. auch Mo. 14–20 Uhr, Shuttlebusse ab Bahnhof Santa Maria Novella. Modemarken wie Missoni, Prada, Dolce & Gabbana, Diesel und Furla findet man in diesem knapp 40 km nördlich von Florenz gelegenen Outlet vereint unter einem Dach.

122 Fashion Groove, Località Santa Maria Maddalena, Incisa Valdarno, www.fashiongroove.it, tgl. 10–19 Uhr. Outlet und normale Modeläden mit Marken wie Timberland, Calzedonia und Intimissimi in Località Santa Maria Maddalena, 28 km nach Südosten an der A1.

123 The Mall, Via Europa 8, Leccio Reggello, Tel. 055 8657775, www.themall.it, tgl. 10–19, Juni/Juli/Aug. 10–20 Uhr, Shuttlebus von der Busitalia-Station, Via Santa Caterina da Siena 17 in Florenz. Das Outlet hat eine prominent besetzte Ausstellerliste, die von Dolce & Gabbana über Alexander McQueen, Bottega Veneta, Giorgio Armani, Roberto Cavallo und Stella McCartney bis Valentino reicht. Liegt ca. 2,5 km vom Outlet Fashion Groove (s. oben) entfernt.

Überall präsentieren sich Straßenstände mit Kunst und Kitsch

060fl Abb.: sk

Was man sonst so braucht

124 [S9] **Colteleria Donnini,** Via Giovanni Lanza 70, www.donninicoltelleria.it, Tel. 055 661438. In dem Messergeschäft gibt es alles, was schneidet: Messer, Scheren usw. für Haushalt und Freizeit. Hat man etwas Unscharfes dabei, so wird es wieder geschliffen.

125 [O6] **Coltellerie Berti,** Via Cavour 144, www.coltellerieberti.it, Tel. 055 2741449. Seit über 100 Jahren stellt die edle Schmiede Messer her, sie gehören zu den Besten.

126 [M8] **Letizia Fiorini,** Via di Parione 60/R, Tel. 055 216504. Eine der letzten Puppenmacherinnen der Stadt versieht unweit des Ponte Carraia ihr Handwerk. Allerdings sind ihre Geschöpfe keine zuckersüßen Prinzessinnen, sondern kunterbunte, freche Handpuppen, die ein bisschen an die Muppets erinnern. In ihrem winzigen Laden zeigt Letizia gerne, wie ihre „Kinder" entstehen.

127 [O6] **Paolo Vettori & Sons,** Via della Dogana 10, Tel. 055 287337, www.vettorifamily.com. Vater und Söhne haben sich seit drei Generationen auf den Bau von Streichinstrumenten spezialisiert. Die Violinen werden auf Bestellung gefertigt und sind weltberühmt.

Im Mercato Centrale 8 gibt es alle Köstlichkeiten dieser Welt

Delikatessen

128 [M8] **Bottega dell'Olio,** Piazza del Limbo 2/R, Tel. 055 2670468. Olivenöl aus der Region und allerlei, was mit dem Ölbaum zu tun hat: Eingelegtes, Seifen, Kerzen und Boxen aus Olivenholz.

129 [O6] **Bussoti,** Via San Gallo 161/R, www.enotecabussotti.it, Tel. 055 483091. Der Schwerpunkt des Angebots liegt auf toskanischen Weinen, die auf Wunsch in die ganze Welt verschifft werden. Ganz alte Jahrgänge kosten schon mal 400 € pro Flasche – aber wer scheut schon eine sichere Geldanlage?

130 [M9] **Olio & Convivium,** Via Santo Spirito 4, www.conviviumfirenze.it, Tel. 055 2658198. Olivenöl ist das Herz auch der florentinischen Küche. Eine ausgezeichnete Auswahl sowie weitere Delikatessen, Weine und Brot erhält man im Laden des gleichnamigen Restaurants.

131 [M7] **Perini,** Mercato Centrale, Tel. 055 2398306. Bei Perini liegen in der überbordenden Auslage unter gigantischen hängenden Schinken Köstlichkeiten wie Pecorino al Tartufo, Parmigiano mit Balsamico, diverse Salamiarten, eingelegte Kapern und natürlich Vin Santo.

132 [O8] **Vestri Cioccolato,** Borgo degli Albizi 11/R, Tel. 055 2340374, www.vestri.it. Schokoladenprodukte aus aller Herren Länder und selbst gemachte Pralinen werden in pastellblauer Einrichtung verkauft. Um den Durst danach zu löschen, trinkt man japanischen grünen Eistee oder Mandelmilch.

Florenz zum Träumen und Entspannen

Mehrere Parks rund um das Zentrum laden zu einer kürzeren oder längeren Pause geradezu ein. Wer des Herumwanderns in den Gassen müde ist, kann dort auf einer Bank in Ruhe ein Buch lesen oder auch nur den Flanierenden zuschauen.

Die versteckten Ecken des **Giardino di Boboli** 37 hinter Hecken und unter Bäumen sind hervorragend für eine abgeschiedene Rast geeignet und die im Park verteilten Skulpturen bieten auch was fürs Auge. Auf dem **Cimitero degli Inglesi** 27 wurden im 19. Jh. Künstler und Denker zur letzten Ruhe gebettet. Ihre romantisch zwischen Zypressen arrangierten Grabsteine lassen die Vergangenheit auferstehen, ein Bummel macht die Hektik des Verkehrs außerhalb der Mauern vergessen. Betriebsamer ist der **Parco delle Cascine** [G/H6] 20 Fußminuten vom Dom im Westen des Hauptbahnhofs am Ufer des Arno. Auf breiten Wegen flanieren die Florentiner Familien im Schatten der Baumspaliere, die Kinder spielen oder fahren Rad, Jogger und Inlineskater zeigen sich in bester körperlicher Verfassung. Tagsüber seit Jahrhunderten ein Ort für entspanntes Spazieren, ist es aber nicht angeraten, den Park nachts aufzusuchen – dann ist er das Revier zwielichtiger Gestalten.

Absolute Ruhe hat man auf den Parkbänken im **Botanischen Garten** 26, vornehmlich weil er restrukturiert wird und, bis die Pflanzen entsprechend hoch gewachsen sind, limitiert attraktiv und deshalb nur spärlich besucht ist.

Faulenzen und Fernsicht vereinen sich an den Brüstungen des **Piazzale Michelangelo** 41. Besonders in den Abendstunden treffen sich hier die Verliebten und blicken Arm in Arm über die goldrot beleuchteten Dächer der Stadt. Zu späterer Stunde eignen sich die Stufen rund um die weitläufige **Piazza Santissima Annunziata** 23 hervorragend, um den Abend mit Blick auf beste Renaissance ausklingen zu lassen.

EXTRATIPP

Café für Morgenmuffel

Im **Caffè Le Rose** (s. S. 81) an der Piazza Santa Maria Novella sitzt man hinter einem Spalier Pflanzen auf bequemen Korbsesseln und genießt den Cappuccino und die druckfrische, am Bahnhof gekaufte Zeitung – ohne groß zu reden.

068fl Abb.: sk

Im Hochsommer ist kühlender Baumschatten hochwillkommen

Zur richtigen Zeit am richtigen Ort

Wer im Dezember kommt, besucht den Weihnachtsmarkt, im Sommer finden auf den Plätzen der Stadt Kulturprogramme mit zahlreichen Konzerten und Theateraufführungen statt. Ein besonders kurioses Ereignis ist sicherlich der „Fußballkampf" Calcio im Juni. Aber wann immer man auch anreist, dem Besucher wird das ganze Jahr über etwas geboten.

Frühling

- Am 25. März, am Tag Mariä Verkündigung, findet auf der Piazza Santissima Annunziata 23 die **Festa della SS. Annunziata** statt: Religiöses und Volksfest mit Messe, Umzug und Markt.
- Ende April treffen sich Kunsthandwerker für eine Woche zur **Mostra Internazionale dell'Artigianato** in der Fortezza da Basso [L6] hinter dem Bahnhof 1. Sie ist nicht nur Handelsmesse für u. a. Modeberufe und Innenarchitekten, sondern auch ein kulturelles Ereignis, das jedem offen steht (tgl. 10–22.30, am letzten Tag bis 20 Uhr, Eintritt Mo.–Fr. 4 €, Sa./So. 7 €, www.mostraartigianato.it).
- An **Pasqua**, dem **Ostersonntag**, zieht ein Paar weißer Ochsen einen Karren vor den Dom 9, dessen Ladung aus Feuerwerkskörpern durch eine vom Hochaltar des Doms abgeschossene, mit einem Führungsseil zum Karren geleitete Rakete entzündet wird. Klappts nicht, droht Bauern und Händlern ein schlimmes Jahr.
- Der Musikmai **Maggio Musicale Fiorentino** reicht über den Juni hinaus. 10 Wochen lang werden Konzerte und Theateraufführungen gegeben – z. B. Wagners Götterdämmerung oder Shakespeares Macbeth. Berühmte Künstler wie Lang Lang treten auf und zum Schluss gibts ein Konzert auf der Piazza della Signoria 28 (wwww.maggiofiorentino.com, wer unter 30 Jahre alt ist, kann für 10 € eine Mitgliedskarte erwerben, die verbilligten Zugang zu den Aufführungen und weitere Vergünstigungen erlaubt).
- Das **Festival Fabricca Europa** engagiert sich u. a. für die Verbesserung des internationalen Verständnisses. Von Anfang Mai bis Mitte Juni werden in den Kulturinstituten Workshops abgehalten, bei denen Künstler wie Griots aus Afrika auftreten, und Theaterstücke sowie Konzerte angeboten (http://fabbricaeuropa.net, Eintritt 10–20 €).
- Mitte Mai wird anlässlich der Messe **Artigianato e Palazzo** an einem Wochenende drei Tage lang im Palazzo Corsini

011fl Abb.: sk

KURZ & KNAPP

Calcio

Das Ballspiel geht auf das 16. Jahrhundert zurück und war damals den Adligen vorbehalten. Sein Name „Giuco del Calcio fiorentino" ist auf „Calcio" verkürzt worden: „Tritt". Für mehrere Jahrhunderte war das Spiel in Vergessenheit geraten und wurde erst im 20. Jahrhundert neu belebt. In mehreren Spielen treten jeweils zwei der insgesamt vier Mannschaften aus den vier Stadtteilen gegeneinander an: Die Grünen von S. Giovanni, die Blauen von S. Croce, die Roten von S. Maria Novella und die Weißen von S. Spirito. Sie tragen eine Art Landsknechtsbeinkleid in ihren jeweiligen Farben. Traditionell gibt es genau 33 Regeln, in denen auch festgelegt ist, was nicht erlaubt ist: hinterhältige Schläge und Tritte gegen den Kopf. Ansonsten darf man Kopfstöße aus- und Faustschläge verteilen, den Ellbogen gegen Nasen trümmern und seine Gegner ungestraft würgen. Immerhin prügeln sich auf jeder Seite des mit Sand aufgeschütteten Platzes 27, mithin 54 Mann um den Ball – und es sind nicht die kleinsten. Immer wieder müssen Blessierte das Feld räumen.

und dessen Garten toskanisches Kunsthandwerk feilgeboten. Die Handwerker zeigen ihr Können: Töpfern, Spitzenklöppeln, Drechseln, Gießen und Skulptieren (Via della Scala 115, 10–21 Uhr, 8 €, www.artigianatoepalazzo.it).

› An Christi Himmelfahrt (Mai, Juni) findet die **Festa del Grillo** im Parco delle Cascine [G/H6] statt. Ursprünglich zogen die Familien in den Park, um für ihre Kinder Grillen als Boten des Frühlings zu fangen, doch als die Grillen knapp wurden, musste man sie kaufen. Heute ist dies von der Kommune verboten und man behilft sich mit Bildern und Gezirpe vom Band. Dennoch ist der Tag immer noch ein Volksfest mit Verkaufsständen und Fahrgeschäften für die Kleinen.

Sommer

› Am Tag des Stadtpatrons S. Giovanni (Johannes der Täufer), dem 24. Juni, findet der berühmte **Calcio in Costume** auf der Piazza S. Croce [O9] statt. Weitere Spiele werden davor und danach ausgetragen (www.calciostoricofiorentino.it).

› Am 24. Juni schließt der Abend mit einem **Feuerwerk auf dem Piazzale Michelangelo** 41. Wer sich an den Ponte S. Trinita [M9] begibt, sieht Fuochi di San Giovanni stilvoll mit dem Ponte Vecchio im Vordergrund.

› Im Juni beginnt die Abendunterhaltung mit Konzerten auf der Piazza Santo Spirito 36, der **Estate Fiorentina** dauert bis in den September hinein (https://estatefiorentina.it).

› Beim **Florence Dance Festival** zwischen Ende Juni und Ende Juli stellen sich internationale und nationale Tanzgruppen dem Publikum an Open-Air-Plätzen wie dem Piazzale Michelangelo 41, dem Forte Belvedere 38 und dem Giardino di Boboli 37 (ab 21.30 Uhr, 15–30 €, www.florencedancefestival.org).

› An vier Tagen rund um ein Wochenende Mitte Juni rocken die Besucher beim **Firenze Rocks Festival** zur Musik von Größen der Rock- und Popszene (www.firenzerocks.it).

› An mehreren Stellen sind im Sommer **Freiluftkinos** eingerichtet, so in der Festung Belvedere 38.

Straßenmusikanten auf der Piazza Santa Croce 18

Feiertage

- *Capodanno:* Neujahrstag
- *Epifania:* Dreikönigstag (6. Januar)
- *Lunedi dell'Angelo:* Ostermontag
- *Festa della Liberazione:* Tag der Befreiung vom Faschismus (25. April)
- *Festa dei Lavoratori:* Tag der Arbeit (1. Mai)
- *Festa della Repubblica:* Tag der Republik (2. Juni)
- *San Giovanni:* Tag des Stadtpatrons (24. Juni)
- *Assunzione di Maria Vergine/ Ferragosto:* Mariä Himmelfahrt (15. August)
- *Ognissanti:* Allerheiligen (1. November)
- *Immacolata:* Mariä Empfängnis (8. Dezember)
- *Natale:* 1. Weihnachtstag (25. Dezember)
- *San Stefano:* 2. Weihnachtstag (26. Dezember)

Herbst

- Am 7. September begehen die Florentiner mit ihren Kindern auf der Piazza SS. Annunziata 23 das Laternenfest **Festa della Rificolona.** Den begeisterten Kleinen ist der Ursprung des Umzugs ziemlich egal, angeblich geht er auf den Einzug der siegreichen Soldaten der Stadtrepublik in Siena am 2. August 1555 zurück, bei dem die Krieger ihre Lanzen mit Lampions schmückten. Das Laternenfest endet am Arno, der mit schwimmenden Laternen illuminiert wird.
- Das Festival der Volksmusik **Festival Internazionale Musica dei Popoli** währt den ganzen Oktober und steht jedes Jahr unter einem neuen Thema (wie „Frauengesänge" oder „Musik einer anderen Welt", www.musicadeipopoli.com).

Winter

- Ende November findet der **Firenze Marathon** statt. Bis zu 10.000 Läufer aus ganz Europa starten an dem Piazzale Michelangelo 41 um 9 Uhr und kommen nach einer Distanz von 42,195 km an der Piazza S. Croce ins Ziel (www.firenzemarathon.it, Teilnahme je nach Anmeldetermin 35 bis 80 €, Gesundheitszeugnis und vollendetes 18. Lebensjahr sind Voraussetzung).
- Von Anfang Dezember bis drei Tage vor Weihnachten wird ganz traditionell auf der Piazza S. Croce [09] der **Mercato di Natale Nostalgico Tedesco** aufgebaut – für Deutsche wirkt es etwas obskur, in Florenz einen Weihnachtsmarkt wie in Altheidelberg vorzufinden.
- Am 20. Dezember zieht bei der **Festa degli Omaggi** eine Parade in historischen Kostümen ab 16 Uhr durch die Altstadt und feiert die mittelalterliche Republik Florenz.
- Im Januar, nach der Hektik des Zwischenjahres, ziehen die Florentiner einen Besuch bei den Freunden der Musik, den **Amici della Musica 1906**, allem anderen vor. Dreimal die Woche werden im Teatro della Pergola (s. S. 84) klassische Konzerte teilweise mit Gästen aus dem Ausland gegeben (www.amicimusica.fi.it).

FLORENZ VERSTEHEN

003fl Abb.: sk

Florenz – ein Porträt

Sanft gewellte grüne Hügel, schlank stechen Zypressen in den Himmel, in engen Kurven mäandern Straßen und Schienen der Stadt am Arno entgegen. Wer von Italien spricht, meint immer auch die Toskana. Keine Landschaft des Stiefellandes eignet sich in der Vorstellung besser als Hintergrund für einen perfekten Urlaub, keine Stadt Italiens zeigt sich als treffenderes Sinnbild für die Vereinigung von süßem Nichtstun und Kunststudium, von Treibenlassen und pointierter Suche nach der Vergangenheit. Rom ist pompös, Palermo barock, Neapel stirbt – Florenz aber ist die Leichtigkeit der Renaissance, ist steingewordenes Kulturleben einer Zeit, als Europa das finstere Mittelalter verließ und in eine neue Epoche aufbrach.

Florenz erwuchs aus dem **römischen Siedlungskern im fruchtbaren Tal des Arno** an seinen nördlichen Ufern. Keine Hügel haben hier die Ausbreitung der Stadt erschwert. Am südlichen Arnoufer hingegen reicht die **toskanische Hügelwelt** an die Stadt heran. Von ihr genießt man beste Ausblicke auf das Renaissancepanorama jenseits der Brücken, auf Kuppeln und Türme, ziegelrot gedeckte Dächer und prächtige Fassaden, blickt in die Arkaden und über quirlig belebte Plätze, folgen die Augen dem Lauf der engen, schattigen Gassen, deren Wege im Stadtgebilde sich unter strahlendem Himmel als dunkle Striche im Dächermeer andeuten.

Die **Altstadt** erstreckt sich um den Ponte Vecchio 31 beidseits des Arno. Das **Viertel Oltrarno** am südlichen Ufer wird von Palazzo Pitti 37 und Piazzale Michelangelo 41 begrenzt, die **nördliche Altstadt** mit den Vierteln Santa Maria Novella, San Giovanni und Santa Croce reicht vom Hauptbahnhof 1 im Nordwesten bis zur Kirche Santa Croce 18 im Osten, im Norden endet sie mit der Piazza della Liberta [O5]. Um die Altstadt führt in weitem Kreis ein Straßenring, den ohne Genehmigung mit dem Fahrzeug zu überschrei-

en mit hohen Bußgeldern geahndet wird (s. S. 110).

Ein gefälliges Braun herrscht vor, die Quader aus *pietra serena* – dem typischen, feinkörnigen Sandstein der Toskana – wurden in großen Mengen in der Umgebung gehauen. Gleißend weißer Marmor setzt Kontrapunkte, jahrhundertelang von Sohlen polierte Steinplatten spiegeln tags die Sonne, nachts den Laternenschein. Mit wachem Auge sollte man auf die Details achten, hier ein kleines Fassadenfresko, dort ein Wappen aus Stein, Ringe, in denen einst die Banner der großen Familien steckten, Eisenarme, an denen Leuchter hingen.

In der Hochsaison tummeln sich mehr als 100.000 Besucher in der Stadt, doch mit der Universität, ihren zwölf Fakultäten und 60.000 Hörern ist das Leben auch **von zahllosen Studenten mitbestimmt.** Sie bevölkern in Scharen die Straßen und Plätze, hauchen ihnen ein wenig chaotisches, aber durchaus liebenswertes Leben ein, malen für ein Zubrot fantastische Gemälde aufs Pflaster, musizieren und gaukeln.

Auch wenn ein oberflächlicher Blick dies nicht vermuten lässt: Florenz ist immer noch ein Ort, an dem die **Florentiner** ihr eigenes Leben führen und den sie lieben, auf dessen Märkten sie ihr Essen kaufen und wo sie ihren Unterhalt verdienen. Florenz ist schließlich die Hauptstadt der Toskana, hier fallen die Entscheidungen über die Geschicke der Region, hier führen die Wirtschaftsbosse der Toskana ihre Firmen – nicht zuletzt die zur veritablen Industrie gewordenen Weinkellereien, die neben dem Tourismus ganz beträchtlich zur (weit über dem EU-Durchschnitt liegenden) wirtschaftlichen Kraft der Region beitragen.

⟪ S. 95: Blick vom Campanile des Doms ⑨ über die Stadt und das toskanische Umland

⟨ Der Ponte Vecchio ㉛ ist die älteste erhaltene Brücke von Florenz

KURZ & KNAPP

Florenz in Zahlen

- **Gegründet:** 59 n. Chr.
- **Einwohner:** ca. 381.000
- **Einwohner/km²:** 3589
- **Fläche:** 102 km²
- **Höhe ü. M.:** 50 m

Von den Anfängen bis zur Gegenwart

Die Geschichte von Florenz begann im Alten Rom, das seine Veteranen an den fruchtbaren Ufern des Arno eine Kolonie gründen ließ. Dann kam lange Zeit nichts, das frühe Mittelalter war dunkel, nur Karl der Große sorgte im 8. Jh. für Lichtblicke. Aber so richtig ging es erst mit den Medici im 15. Jh. los. Die Bankiersfamilie mit ihrem Faible für Kunst schuf das Florenz von heute.

Altertum

1. Jt. v. Chr. Die fruchtbaren Böden der Toskana werden zuerst von den Etruskern genutzt, auch der Weinbau geht auf sie zurück. „Tusci" nennen sie die Römer.

Ab dem 3. Jh. v. Chr. Mit dem Aufstieg Roms verschwinden die Etrusker nach und nach – assimiliert von der jungen, starken Nation, die immer weiter in Richtung Norden vordringt.

KURZ & KNAPP

Römische Rente
Florenz entstand als Veteranenkolonie Roms. Die alten Krieger erhielten Land weit weg von Rom und konnten sich nicht mehr unzufrieden auf dem Forum Romanum zusammenrotten. Zudem sicherten sie kampferprobt die Provinzen, machten das Land urbar und füllten die Speicher des Reichs – eine rundum gelungene Lösung des Rentenproblems.

90 v. Chr. Den Etruskern wird das römische Bürgerrecht gewährt, ihre eigenständige Kultur ist damit erloschen.

59 n. Chr. Römische Veteranen lassen sich auf Veranlassung Julius Cäsars am Arno nieder und nennen die Kolonie „Ager florentinus" – „Blühender Ort". Die verkehrsgünstige Lage an Via Cassia/Clodia (von Rom nach Genua), Via Volterrana (von Fiesole nach Volterra) und Via Pisana (von Spina nach Pisa) sorgt für Aufschwung.

250 Die zunehmende Christianisierung führt unter Kaiser Decius zu Christenverfolgungen.

3. Jh. Kaiser Diokletian macht die Stadt zum Verwaltungszentrum der Provinz Tuscia et Umbria.

Spätantike

391 Der heilige Ambrosius von Mailand überzeugt Kaiser Gratian, den christlichen Glauben zur Staatsreligion zu erheben. 393 wird Florenz Bischofssitz, Ambrosius weiht die Chiesa San Lorenzo 5 zur Kathedrale.

5./6. Jh. Die Zeit der Völkerwanderungen beginnt. Byzanz (Ostrom) erstarkt, streckt seine Hand aus nach den weströmischen Provinzen und Florenz versinkt in der Bedeutungslosigkeit. Germanische Völker, von den Hunnen aus ihren angestammten Gebieten gedrückt, verteilen sich in ganz Europa. Florenz wird mehrfach von den Goten überrannt.

568 Die Langobarden, ursprünglich aus dem Raum des heutigen Mecklenburg und zwischenzeitlich im Donauraum als Vasallen Ostroms siedelnd, erobern nahezu die gesamte Halbinsel und beenden die Völkerwanderung. Unter ihrem König Alboin marschieren sie aber nicht nur mit Truppen, sondern nehmen gleich Frau, Kind und Kegel mit – weit über 150.000 Menschen.

Frühes Mittelalter

572 In Pavia wird Alboin sesshaft und ersetzt die römischen Besitzverhältnisse durch eine feudalistische Struktur – Grundstein für die Entstehung der dezentralen Stadtstaaten. Byzanz, Vertreter der alten Besitzstrukturen, lässt Alboin ermorden.

774 Ein Jahr zuvor hat eine päpstliche Abordnung Karl den Großen um Hilfe gegen die Langobarden gebeten. Er erkennt einen neuen Wirkungskreis für sich und seine Nachkommen, lässt losmarschieren und im Sommer sind die Langobarden unter König Desiderius besiegt. Pavia ist erobert, Karl gründet das Frankenreich.

800 Karl wird durch Papst Leo III. römischer Kaiser. Florenz erhält eine neue Wehrmauer.

814 Karls Sohn Pippin wird König von Italien und Bayern.

11. Jh. Der von den Karolingern eingesetzte Markgraf der Toskana, Hugo der Große, erklärt Florenz zu seiner Residenzstadt. 1055 erhält sie Reichsunmittelbarkeit und wird Stadtstaat. Florenz vergrößert den Machtbereich und prägt den ersten Florin der Welt, eine Feingoldmünze mit 3,65 g Gewicht.

Stadtstaat

12. Jh. Der Adel und die reichsten Bürger werden in die Lenkung der Geschicke der Stadt eingebunden. 1138 wird erstmals ein Konsul benannt, der erste *Podestà* (eine Art Bürgermeister) ist für 1158 verbürgt. Der Weg ist frei für die mächtigen Geschlechter, für die Entstehung der Handelshäuser und Banken und für die Machtübernahme durch die Medici. Man baut Brücken über den Arno und erweitert die Stadtmauer. Reiche Familien legen sich Geschlechtertürme zu, über 160 Wohnburgen mitten in der Stadt.

1216 Es entstehen zwei Hauptparteien, die Guelfen und die Ghibellinen, die Partei der Papstunterstützer und die Anhänger des Kaisers.

1289 Die Verfassung von Florenz sieht einen aus Zunftmitgliedern bestehenden „Rat der Hundert" vor, der Gesetzesvorlagen genehmigen muss, bevor diese von vom Volk gewählten Räten abgesegnet werden. Damit sind die Zünfte bestimmende Macht in der Stadt, adelige Magnaten sind bei ihnen nicht zugelassen.

1293 Um die Macht des Adels endgültig zu brechen, legt man neue Gesetze auf, in denen die Bestrafung von Magnaten bei vergleichbaren Delikten härter ausfällt als bei Bürgern.

1294 Die Guelfen spalten sich in eine weiße, papstfeindliche, und eine

Alle Macht dem Volke!

Zwei Familien standen in ständigem Streit und wollten ihn 1216 mit der Heirat je eines ihrer Mitglieder beilegen. Der Bräutigam entschied sich aber beim Polterabend anders. Die Brauteltern ließen den Erwählten vor den Augen seiner neuen Braut meucheln, die Fehde entbrannte aufs Neue und riss die ganze Führungsschicht, die Magnaten, in wechselnde Koalitionen. Man beschoss sich von Wohnturm zu Wohnturm (Geschlechtertürme), unten standen die leidtragenden Bürger. 1245 kam es zur „Schlacht am Dom" zwischen Guelfen und Ghibellinen, 1248 wurden die Guelfen aus der Stadt getrieben und 1250 sagte das Volk: „Es reicht!"

Die zu Wohlstand gekommenen Handwerker und Händler rebellierten, Florenz erhielt eine ***neue Verfassung,*** *neben die adeligen Magnaten trat ein Stadtkommandant („Capitano del Popolo") mit 12 Weisen und einem Rat aus 36 Bürgern. Zur Sicherung schuf dieser Rat 20 Volkskompanien - das „primo popolo" war geboren, eine Körperschaft der Bürger, unabhängig vom Adel. Nun konnten die Magnaten nicht mehr über die Köpfe der Einwohnerschaft hinweg schalten und walten, zumindest für 10 Jahre.*

In dieser Zeit wurde der Herrschaftsbereich von Florenz ausgedehnt, aber als es im Jahre 1260 gegen Siena ging, schlugen die Magnaten zurück, sie verrieten das eigene Heer und übernahmen wieder die Macht. Das „primo popolo" konnten sie aber nicht mehr vollständig rückgängig machen. Ab dem Jahr 1282 entstand ein Rat mit 14 Mitgliedern, die sich Beistand auch bei den Stadtzünften holten. Aus diesem Rat ging die „signoria" hervor, die Stadtregierung, die schließlich nur noch aus Zunftvorstehern („Prioren") und einem Vertreter des Volkes bestand.

schwarze, papstfreundliche, Fraktion, die Ghibellinen verlieren an Einfluss.

1301 Der ehrgeizige Karl von Valois kommt als Abgesandter des Papstes nach Florenz, um Frieden zu stiften, tatsächlich aber stärkt er die Partei der schwarzen Guelfen. Die weißen Guelfen müssen die Stadt verlassen, unter ihnen auch Dante Alighieri. Die *Priori* (Zunftsvorsteher) lassen aber eine Machtübernahme der schwarzen Fraktion nicht zu. Amtszeiten werden auf wenige Monate beschränkt, Amtsinhaber bestimmt man mit einem Losverfahren. Es entsteht eine neue Stadtmauer, die – mit 8,5 km Länge, 73 Türmen und 15 Toren – eine Fläche von über 5 km² umgreift. Man hat den Palazzo Vecchio 28 errichtet und beginnt für die inzwischen 100.000 Bewohner mit dem Bau des Doms 9.

14. Jh. Der Revanchismus lässt nicht lange auf sich warten. Die Fehde zwischen den weißen und den schwarzen Guelfen findet neue Protagonisten. Die Händel leben wieder auf, doch an einem Strang zieht man gemeinsam: die Aushöhlung der demokratischen Verfassung. Nach und nach entstehen neue Behörden wie die Balia, die Sondervollmachten erhält, und von Magnaten geführte Kommissionen lenken die Bittschriften und Anträge an die Räte. 1340 und 1348 wütet die Pest in der Stadt, die Hälfte der Bevölkerung stirbt oder flieht.

1378 Die Klassenspannungen haben zugenommen. Sie gipfeln im Aufstand der Wollarbeiter, der von einer breiten Bürgerbewegung mitgetragen wird, die sich benachteiligt sieht. Nach sechs Wochen wird der Aufstand von seinen Führern verraten, unter ihnen Salvestro de Medici.

Die geheimen Töchter

Cosimo I. de Medici tätigte zwar die Geldgeschäfte des Klerus, doch die Kirche verbot Wucher. Wie sollte man dennoch an Zinsen kommen? Man lagerte aus und gründete Niederlassungen in der Fremde. Und die stellten Wechsel aus! In einer anderen Währung! An einem anderen Ort! So erhielt das Bankhaus von Cosimo hohe Zinsen – ohne die klerikalen Aufsichtsräte zu beunruhigen. Und da das ganze System in einer Hand war, die Filialen mit Verwandten besetzt wurden, gab es auch keine „Vertrauenskrise“, die ihm das Rückgrat hätte brechen können.

Die Medici

15. Jh. Mit der Revolte der Wollarbeiter wird die Demokratie von der Oligarchie weniger Familien abgelöst. Die bereits Ende des 14. Jahrhunderts mit einem beträchtlichem Reichtum ausgestattete Medici-Familie erhält vom Papst das Recht, alle Gelder des Heiligen Stuhls zu verwalten.

1429 Giovanni de Medicis Sohn Cosimo der Ältere (Cosimo I.) erbt das Vermögen seines Vaters, sein sagenhafter Reichtum und sein Ansehen in der Stadt ziehen die Missgunst anderer Adelsfamilien auf ihn – besonders aber den der Albizi.

1433 Cosimo I., der weitsichtig sein Geld schon in Sicherheit gebracht hat, wird aus der Stadt vertrieben. Ein Jahr später kehrt er wieder heim und schlägt zurück. Offiziell nimmt er keine Verwaltungsposition ein, hinter den Kulissen zieht er aber die Strippen. Ein Fiskalgesetz belastet seine Rivalen mit bis zu 50 % Steuern, binnen kurzer Zeit erfüllen diese nicht mehr die Anforderungen für öffentliche Ämter. Seine Freunde erhalten im Gegenzug tilgungsfreie Darlehen. Als Feingeist stiftet Cosimo Klöster, Kirchen und deren Erweiterungsbauten (San Lorenzo 5, Santa Croce 18, San

Scheiterhaufen der Eitelkeiten

***Girolamo Savonarola** (1452–1498) widmete sein Leben als Bußprediger dem Kampf gegen den Luxus und die Verkommenheit der Reichen und das einfache Volk bejubelte ihn. Als Prior des Klosters San Marco nach Florenz gerufen trat er auf eine Bühne, die ihm so gerade recht war. Die Verschwendungssucht in der Stadt war auf ihrem Höhepunkt angekommen und wenn er predigte, füllten die einfachen Menschen die Kirchen. Schließlich wurde sein Kreuzzug in die Straßen getragen, alles eingesammelt, was als Symbol der Verkommenheit gelten konnte: Luxusgegenstände, Musikinstrumente, die nicht der kirchlichen Erbauung dienten, weltliche Kunst, Spiele, sogar Spiegel, die doch nur der Pflege der Eitelkeit dienten. Am 7. Februar 1497 wurde auf der Piazza della Signoria 28 alles zu einem riesigen Haufen getürmt und angezündet. In der Stadt herrschte Angst. Um der Erstürmung der Häuser durch radikale Jugendliche zuvorzukommen, gaben die Bürger freiwillig ab, was nur den Anschein von Luxus hatte. Die Stimmung wandte sich deshalb gegen Savonarola. 1497 exkommunizierte ihn der Papst. Als Savonarola 1498 die Mehrheit im Rat verlor und der Papst androhte, jegliche kirchliche Handlung in Florenz zu untersagen, nähme man Savonarola nicht gefangen, drang der Pöbel ins Kloster San Marco 25 ein und warf Savonarola in den Kerker. Unter der Folter gestand er, des Teufels zu sein, das Urteil lautete auf Erhängen und anschließende Verbrennung. Am 23. Mai 1498 wurde das Urteil auf der Piazza della Signoria vollstreckt, die Asche Savonarolas in den Arno gestreut.*

Marco 25), Brunelleschis Kuppel auf dem Dom 9 finanziert er alleine, er wirft mit seinem Geld regelrecht um sich.

1464 Cosimo stirbt, sein Sohn Piero „il Gottoso" – „der Gichtige" folgt ihm für fünf Jahre, dessen Sohn Lorenzo „il Magnifico" – „dem Prächtigen" ist aber eine längere Herrschaftszeit beschert. Noch agieren die Medici mit *mani pulite* – mit sauberen Händen. Selten ergreifen sie öffentliche Ämter, ihre Herrschaft bleibt im Verborgenen. Nach und nach tritt Lorenzo auf die offene politische Bühne. Aber er widmet sich auch der Kunst, wie sein Vater Piero ist er fanatischer Sammler. Da bleibt nicht mehr viel Zeit fürs Bankgeschäft. Lorenzo bedient sich aus dem Stadtsäckel, um seine Geschäfte zu stützen und muss mehrere Filialen in Europa schließen.

1478 Inzwischen sind die Neider wieder erstarkt und die offenere Herrschaftsausübung durch Lorenzo sorgt für Unmut. Im April wird auf Lorenzo und seinen Bruder Giuliano ein Anschlag verübt. Voraus gingen Gebietsstreitigkeiten mit dem Heiligen Stuhl, der Papst entzog daraufhin den Medici die kirchlichen Geldgeschäfte. Doch beim Attentat stirbt nur Giuliano, Lorenzo überlebt. Sobald die Florentiner vom Mord erfahren, schlägt die Stimmung zugunsten der Medici um. Die Verschwörer, darunter der Erzbischof von Pisa, werden an einem Fenster des Palazzo Vecchio 28 aufgeknüpft.

1492 Lorenzo stirbt, sein Sohn Piero de Medici ist mit dem programmatischen Beinamen „lo Sfortunato" – „der Glücklose" in die Geschichte eingegangen. Er verantwortet die erste, 18 Jahre dauernde Unterbrechung der Herrschaft der Medici. 1494 marschiert der französische König gegen Neapel und Piero überlässt ihm ohne Rücksprache mit dem Rat von Florenz kampflos die Küste. Der Rat vertreibt ihn aus der Stadt, unter Mitwirkung des Dominikaners Girolamo Savonarola organisiert sich der Rat neu und besteht nun aus 3000 Mitgliedern. Doch die fast basisdemokratische Institution verliert bald an Einfluss und Savonarola errichtet ein strenges Regime der Askese.

1498 Als Gegner des Papstes exkommuniziert, hängt man Savonarola. Der Rat hat wieder das Sagen und an seine Spitze tritt Pietro Soderini. Unter seiner Führung wird der Machtbereich von Florenz ausgeweitet, was in der Einnnahme Pisas gipfelt (1509).

1512 Dass die Medici an die Macht zurückkehren, liegt an Giovanni de Medici, Lorenzos Sohn und Bruder des Piero. Lorenzo hatte ihm keine weltliche Karriere zugedacht, setzte die römische Kurie unter Druck und ließ ihn 1489 zum Kardinal wählen. Das hat sich ausgezahlt: Die Familie kann seitdem über Jahre ihre Position in Rom ausbauen, effektiv die Fäden ziehen und Soderini stürzen. Um den Florentinern ihre Macht klarzumachen, wird die Stadt Prato niedergebrannt. Florenz gibt auf, trennt sich von Soderini, die Medici kehren zurück – unter der Auflage, keine öffentlichen Ämter anzustreben. Es dauert gerade mal 16 Tage, dann wird der Große Rat aufgelöst, die Herrschaft übernimmt Kardinal Giulio de Medici, ein Jahr später wird Giovanni de Medici als Leo X. Papst.

1523 Vor zwei Jahren ist Papst Leo X. gestorben. Nach einem kurzen Intermezzo des letzten deutschen Papstes vor Benedikt XVI. wird am 18. November 1523 Giulio de Medici zu Papst Clemens VII. gewählt. Seine Macht über Florenz behält er, als Vertreter vor Ort ernennt er den der Familie verbundenen Kardinal Passerini.

1527 Passerini regiert selbstherrlich, dass er aber den (illegitimen) Medici-Sprösslingen Allesandro und Ippolito bei ihrem verschwenderischen Leben keine Steine in den Weg legt, nimmt man ihm übel. Er muss fliehen, Florenz wendet sich wieder von Rom ab. Michelangelo sorgt für die Verstärkung der nun wieder republikanischen Stadtmauern, dennoch wird die Stadt auf Befehl Clemens VII. nach einer achtmonatigen Belagerung 1529 eingenommen.

Die Herzöge de Medici

1530 Der Stadtstaat verliert endgültig seine republikanische Verfassung. Allesandro, wahrscheinlich der Sohn von Clemens VII., wird Stadtherr, 1532 dann Herzog von Florenz. 200 Jahre werden die Medici nun über Florenz herrschen, Alessandro aber nur sieben Jahre. Aus seiner Jugend hat er nichts gelernt, er handelt despotisch.

1537 Lorenzino de Medici, sein Cousin, sticht Alessandro nieder und Cosimo de Medici erhält die Herzogwürde. In seine Regierungszeit fällt die Entstehung der Toskana als Staatengebilde. Man errichtet die Uffizien 29, in die die Verwaltung des absolutistischen Staates einzieht, Cosimo erobert Siena und seine Frau bezieht den Palazzo Pitti 37. Die Infrastruktur im ganzen Land wird verbessert, die industrielle Basis der Tuchproduktion erweitert.

1562 Cosimo dankt zugunsten seines Sohnes Francesco I. ab, der sieben Jahre später die Großherzogwürde erhält. Nach dem Tod seiner Frau lässt Francesco den Mann seiner Geliebten Bianca Cappello ermorden und heiratet diese.

1587 Ferdinando I. folgt seinem Bruder Francesco I. nach dessen Tod. Ferdinandos Regierungszeit sieht zahlreiche Herausforderungen: die Überschwemmung von 1589, Hungersnöte, das Erstarken der Tuchindustrie im Norden Europas. Doch gilt er als kompetenter Herrscher, der die Macht der Medici festigt. Die Festung Belvedere 38 wird gebaut und Religionsfreiheit verkündet.

1609 Mit dem Tod Ferdinandos I. endet die Dynastie der Medici zwar noch nicht, doch mit ihm geht der letzte Große der Familie, die glanzvolle Zeit ist vorbei. Die Toskana wird zum landwirtschaftlichen Staat. Die Pestepidemie von 1630 würgt das öffentliche Leben zusätzlich ab.

1737 Der letzte Großherzog der Medici, Gian Gastone – ohne Nachkommen, dekadent und depressiv – frisst sich zu Tode. Seine Schwester Anna Maria Louisa de Medici vermacht die gesamten Kunstschätze der Familie der Stadt Florenz. Das Großherzogtum Toskana fällt an Franz Stephan von Lothringen.

031fl Abb.: sk

Habsburg und Napoleon

1745 Franz Stephan heiratet 1736 Maria Theresia von Habsburg und wird neun Jahre später Kaiser Franz I., die Toskana gehört als Großherzogtum zum habsburgischen Reich.

1765 Nach dem Tod Franz I. tritt Leopold – das neunte Kind Maria Theresias – als Großherzog Leopold I. die Regentschaft über die Toskana an. Er sorgt für Reformen, darunter als erster Staat Europas für die Abschaffung der Todesstrafe, die Teilsäkularisierung des Großherzogtums und eine Landreform, die Kleingrundbesitzer bevorzugt. Florenz erhält eine Stadtbeleuchtung und wird beschildert.

1790 Leopolds Bruder Kaiser Joseph II. stirbt, Großherzog Leopold I. tritt als Kaiser Leopold II. an seine Stelle. Die Toskana übernimmt sein Sohn Ferdinand III., der das Großherzogtum bis auf ein Intermezzo unter Napoleon bis 1824 regieren wird.

1799 Oppositionelle Florentiner erwarten von Napoleon eine Belebung des republikanischen Gedankens, Ferdinand III. muss fliehen und französische Truppen marschieren ein. Die säkulare „Etruskische Republik" wird ausgerufen und holt die Kirche auf den Plan. Diese initiiert einen Bauernaufstand, die französischen Truppen werden zurückgedrängt. Ein Jahr später sind die Franzosen wieder da.

1801 Napoleon verfügt, dass die Toskana künftig von den spanischen Bourbonen als „Königreich Etrurien" regiert wird.

1807 Napoleon verleibt Etrurien dem französischen Kaiserreich ein.

1814 Mit dem Exil Napoleons kehren die Habsburger an die Macht zurück. Ferdinand III. zeigt sich gegenüber den Republikanern im Großherzogtum maßvoll und vermag es, sie zu integrieren.

1824 Ferdinand III. stirbt, sein Sohn wird als Großherzog Leopold II. ausgerufen.

Teile der alten Festungswerke im Stadtteil Oltrarno (s. S. 51)

Königreich Italien

19. Jh. Italien ist seit dem Niedergang der Stadtstaaten bis Mitte des 19. Jh. ein Spielball der Regierungen Mittel- und Westeuropas, doch nationalstaatlich Gesinnte tragen die Idee eines unteilbaren italienischen Königreiches weiter. In der ersten Hälfte des 19. Jh. kommt es immer wieder zu Protesten, die das österreichische Militär niederschlägt. Schließlich bricht 1847/48 offener Krieg aus.

1849 Obwohl Leopold II. ein Jahr zuvor eine Verfassung erlassen hat, kommt es zum Aufstand. Leopold II. flieht, mit Rom bildet die Toskana die „Römische Republik", allerdings nur fünf Monate. Österreich marschiert wieder ein, Leopold II. kehrt zurück. Die Habsburger Monarchie hat nun wieder die formale Kontrolle, doch die *risorgimento* (Wiedergeburt) genannte Bewegung ist ungebrochen.

1859 Im Zuge der italienischen Befreiungskriege kommt es erneut zu Aufständen, die schließlich zum Erfolg führen. Leopold II. dankt zugunsten seines Sohnes Ferdinand IV. ab. Ein Jahr später nimmt Garibaldi mit seinem „Zug der Tausend" Sizilien ein und ganz Italien erhebt sich.

1861 Die Toskana wird unter Vittorio Emanuele II. Teil des Königreichs Italien und 1865 Florenz dessen Hauptstadt, Ferdinand IV. geht ins Exil. Eine beispiellose Bautätigkeit beginnt, u. a. werden die Festungsmauern zurückgebaut, um Platz für eine Ringstraße zu schaffen, die Piazzale Michelangelo 41 entsteht und die Piazza della Repubblica [M/N8].

1871 Die Hauptstadt des Königreichs wird nach Rom verlegt, Vittorio Emanuele II. verlässt seine Residenz, den Palazzo Pitti 37, und zieht um. Die massiven Investitionen, die man als Hauptstadt genossen hat, bleiben aus, die Stadt ist mehr oder weniger von der industriellen Entwicklung, die in ganz Europa einsetzt, abgekoppelt und verarmt zusehends.

Das 20. Jahrhundert

1920er-Jahre Obwohl Florenz und die Toskana traditionell linksorientiert und weltoffen waren und die Sozialisten die Mehrheit besaßen, entwickelt sich die Stadt zu einem Zentrum des mussolinischen Faschismus mit einem besonders engmaschigen Organisationsnetz und den meisten Parteimitgliedern in ganz Italien. Florenz erhält diverse „repräsentative" Neubauten, darunter den Bahnhof Santa Maria Novella (Firenze SMN) 1 und das große Stadion, in dem die „Schwarzhemden" Veranstaltungen zelebrieren.

1940 Italien tritt an der Seite der Achsenmächte in den Zweiten Weltkrieg ein.

1943 Die Italiener stürzen Mussolini und kündigen die Waffenbruderschaft mit Deutschland auf. Deutsche Truppen besetzen am 11. September Florenz.

1944 Mit der Landung der Alliierten auf Sizilien 1943 beginnt die Befreiung Südeuropas. Sie drängen die deutschen Truppen nach Norden und erreichen die Gotenlinie, letzte Verteidigungsbastion der Deutschen, die quer durch Florenz verläuft. Bis auf den Ponte Vecchio 31 zerstören die Verteidiger alle Brücken, die amerikanische Luftwaffe bombardiert die Stadt. Am 4. August marschieren die Alliierten ein.

1940er-/1950er-Jahre Der Beginn der zweiten Hälfte des 20. Jh. sieht den Wiederaufbau der Stadt und ihrer demokratisch-republikanischen Traditionen. 1946 sprechen sich die Bewohner bei einer Volksabstimmung gegen die Monarchie und für ein republikanisches Italien aus.

1960 Die Landflucht in ganz Italien (vornehmlich aus dem Süden) beschert Florenz eine massive Bevölkerungszunahme, nun leben mehr als 400.000 Menschen in der Stadt am Arno.

1966 Am 4. November ertränkt der Arno mit einer Fließgeschwindigkeit von

120 km/h das ganze Stadtgebiet. Das Wasser steht mehrere Meter hoch in den Vierteln, 121 Menschen sterben in den Fluten, zahlreiche Kunstwerke werden zerstört oder schwer beschädigt.

1970er/1980er-Jahre Das „Monster von Florenz" meuchelt auf brutalste Weise in der Stadt und ihrer Umgebung acht Liebespaare.

1982 Die Altstadt von Florenz wird UNESCO-Weltkulturerbe.

1993 Am 27. Mai kommt es in der Nähe der Uffizien 29 zu einem verheerenden Autobombenattentat, bei dem fünf Menschen sterben und mehrere Dutzend verletzt werden. Die Ausführung wird der Cosa Nostra zugeschrieben, die im selben Jahr zahlreiche weitere Attentate begeht.

2013 Nach der Modenschau des Designers Stefano Ricci in den Uffizien empören sich nicht nur Florentiner über die sich damit ankündigende hemmungslose Kommerzialisierung italienischer Hochkultur.

2018 Florenz ist nach den Wahlen 2018 eine der wenigen Kommunen, in denen die Partito Democratico stärkste Kraft ist.

Die Modernisierung und Umstrukturierung der Uffizien schreitet voran und es konnten in dem Museum mehrere Säle neu eröffnet werden.

Leben in der Stadt

Hauptstadt der herrlichen Toskana, Weltkulturerbe, bestes Klima, ausgezeichnete Küche, berühmte Weine – für die Florentiner gibt es viele Gründe, ihre Stadt von ganzem Herzen zu lieben. Als polyglotte Menschen teilen sie gerecht mit den Besuchern aus aller Welt und seit Jahrhunderten kommt die intellektuelle Elite Europas auf eine Stippvisite vorbei.

380.000 Menschen leben heute in der Stadt, fast 60.000 Betten stehen Touristen zur Verfügung und jedes Jahr zählt die Fremdenverkehrsindustrie **mehr als zehn Millionen Übernachtungen.** Im Juli und August, wenn viele Florentiner ans Meer ziehen, kann es schon einmal vorkommen, dass sich mehr Touristen in der Stadt aufhalten als angestammte Bewohner. Und wer bleibt, hat nur einen Grund: sich dem Ansturm entgegenzustemmen und den Besuchern das Leben so angenehm wie möglich zu machen (und natürlich ein bisschen davon zu profitieren).

Man täte der Stadt aber Unrecht, wenn man sie nur mit Kunst und Kultur identifizierte. Sobald man das historische Zentrum verlässt, betritt man eine moderne Stadt mit jeglicher Infrastruktur, die notwendig ist, um die Region Toskana zu verwalten. Besonders die Viertel im Nordosten der Altstadt sind von der **Administration** geprägt.

Im 20. Jh. verfiel Florenz lange Zeit und zusehends, man lebte von der Substanz. Dann kam 1981 in Florenz das Internationale Komitee für Historische Gärten zusammen und beschloss die **Charta von Florenz** zur Konservierung von schützenswerten Parks, 1982 wurde die Innenstadt zum **UNESCO-Weltkulturerbe.** Nun besann man sich auf seinen kulturellen Besitz und rege Bautätigkeit mit einer feinfühligen Sanierung setzte ein.

Ein Problem sind die Kosten der Sanierung der Altbausubstanz. Es ist nicht das Problem, dass kein Geld vorhanden wäre. Die Renovierung von Wohnhäusern sorgt jedoch für einen **Strukturwandel in der Altstadt.** Alteingesessene Familien können sich die Mieten nach der Sanierung nicht mehr leisten und werden in günstigere Wohnungen am Stadtrand abgedrängt, der historische Kern entvölkert sich als traditionelle Wohngegend zunehmend. Vermögende Ausländer kaufen oder mieten sich ein, luxuriöse Hotels und hochherrschaftliche Privatpensionen, Läden und Büros entstehen. Doch das Erbe von Florenz besteht nicht nur aus heute bestens erneuerten Steinen.

Die Tradition des Streits, angelegt in den andauernden Zwistigkeiten der Adelsfamilien, findet noch heute in den Kommunikationsformen der Bewohner ihren Niederschlag. Ganz Italien sagt den Florentinern deshalb eine **ausgeprägte Streitlust** nach. Wenn also ein „Auswärtiger“ ihre Stadt kritisiert, wird er unmittelbar zum Ziel einer mehr oder weniger heftigen Tirade. Und benennt ein „Einheimischer“ einen Missstand, kommt es ebenso unweigerlich zum Disput – auch wenn man eigentlich mit ihm gleicher Meinung ist. Lange aber hält die Gefühlswallung keinesfalls an, binnen Kurzem findet man einen Weg, den Streit beizulegen.

Wachtmeister Guarnaccia

Maresciallo Guarnaccia von den Carabinieri stammt aus Sizilien, zieht nach Florenz und mischt die kriminelle Szene der Stadt auf (manchmal aber auch nicht).

Eigentlich entsprang der Wachtmeister ja der Fantasie der englischen Autorin Magdalen Nabb (1947–2007), doch die mehr als 30 Jahre, die Nabb in Florenz lebte, machten sie zu einer der herausragenden Spezialistinnen für die Stadt – und mit ihr den Wachtmeister.

Etwas trottelig nach außen, doch mit einem Auge für die wesentlichen Nebensächlichkeiten, das zur Aufklärung unabdinglich ist, wie man seit Inspector Columbo bestens weiß, löst er einen Fall nach dem anderen: immerhin 14 Stück in ebenso vielen Büchern. Meist geschehen die Morde in Oltrarno südlich des Arno und Guarnaccia macht sich dann von seinem Revier im Palazzo Pitti 37 auf die Suche. Ob eine Tote im Pelzmantel, die außer einer Perlenkette nichts darunter trägt, im Arno bei dem Ponte Vecchio 31 vor sich hindümpelt, ein japanisches Mädchen Träume und Leben in einem Teich des Giardino Boboli 37 beendet oder eine Modedesignerin aus dem Palazzo Gurardagni kurzerhand verschwindet – nichts ist so, wie es auf den ersten Blick scheint, und der Wachtmeister benötigt eine gehörige Portion Zeit und kräftigende Mahlzeiten, um die Fälle zu einem für ihn befriedigenden Schluss zu bringen. Als schlank würde man ihn keinesfalls bezeichnen wollen, sicherlich auch nicht als schnellen Denker, doch mit der Zeit treibt er jeden Gauner in die Ecke.

Einmal aber auch nicht. Das „Monster von Florenz“, das in den 1970er- und 1980er-Jahren tatsächlich acht Liebespaare massakrierte und verstümmelte, ist Ziel seiner Ermittlungen im zehnten Fall, auch wenn er letztendlich die Morde nicht endgültig klärt. Da steht er dann auf dem Piazzale Michelangelo, sinniert und blickt in den Sonnenuntergang. Im 14. und letzten Fall („Vita Nuova“) wird er auf ein protziges Landgut gerufen, weil die Tochter des Besitzers einen unschön gewaltsamen Tod gefunden hat – Raubmord? Guarnaccia hat seine Zweifel als klar wird, dass der Vater früher Zuhälter war und jetzt billige Arbeitskräfte aus Osteuropa vermittelt.

Alle Fälle von Guarnaccia sind bei Diogenes (www.diogenes.ch) erschienen.

PRAKTISCHE REISETIPPS

075fl Abb.: sk

Anreise

Mit dem Flugzeug

Der **Flughafen Aeroporto di Firenze „Amerigo Vespucci/Peretola“** liegt 5 km außerhalb im Nordwesten der Stadt. Er wird von Linienmaschinen aus Frankfurt und München (Lufthansa/Air Dolomiti), Wien (Austrian), Zürich (Swiss) und im Sommerhalbjahr von diversen Saisonfluggesellschaften angesteuert.

Ein **Shuttlebus (Linea Volainbus)** verbindet das Zentrum von der Autostazione SITA (Via di Santa Caterina da Siena, südwestlich vom Hauptbahnhof ❶) ungefähr zwischen 6 und 23 Uhr im Halbstundentakt mit dem Flughafen. Um 5.30, 21, 22 und 23 Uhr startet die Linie zusätzlich im Zentrum von der Haltestelle Stazione Galleria (Ostseite des Bahnhofes). Die Fahrt dauert 30 Minuten, Fahrkarten (6 €, mit Rückfahrt 10 €) erhält man im Bus oder an den Ticketautomaten am Flughafen bzw. am Kiosk der ATAF am Bahnhof (Piazza Stazione, an der Seite zur Piazza Adua [L7] hin). **Mit dem Taxi** kostet die 20-minütige Fahrt in die Innenstadt etwa 25 € (nachts und am Wochenende etwas mehr).

- •133 [B1] **Aeroporto di Firenze**, Tel. 055 3061830, www.aeroporto.firenze.it
- › **Linea Volainbus**, www.fsbusitalia.it
- › **Tramvia Linea 2**, Tramlinie Nr. 2, seit Längerem in Bau, aber noch nicht aktiv (Eröffnung voraussichtlich 2019)

Weitere Linienflieger und vor allem günstige Chartermaschinen landen auf dem **Flughafen Pisa International „Galileo Galilei“**, der 90 km westlich von Florenz liegt. Nach Pisa fliegt man direkt von München (Air Dolomiti), Berlin-Schönefeld (easyJet), Hamburg und Frankfurt-Hahn (Ryanair) sowie Köln-Bonn (TUIfly). Eurowings fliegt von mehreren deutschen Destinationen nach Pisa.

Der Flughafen von Pisa ist mit mehreren Zügen am Tag **direkt mit Florenz verbunden** (ca. 1 Std. Fahrzeit, ca. 8 €, Tickets im Informationsbüro in der Flughafenankunftshalle). Weitere Zugverbindungen nach Florenz bestehen vom Hauptbahnhof von Pisa, zu dem täglich 25 Züge vom Flughafen Pisa aus gehen. Außerdem fährt die Firma Caronna vom Flughafen **mit Bussen direkt zum Hauptbahnhof Florenz** ❶ (zwischen 9 und 24 Uhr etwa stündlich, ca. 1 Std. Fahrzeit, 14 € einfach, Tickets ebenfalls beim Informationsbüro).

- › **Aeroporto di Pisa**, Tel. 050 849300, www.pisa-airport.com
- › **Caronna Tour**, Tel. 366 1260651, www.caronnatour.com

Mit dem Auto

Florenz liegt **direkt an der Autobahn A1 von Mailand nach Rom. Von München** fährt man über den Brennerpass und trifft bei Bologna auf die A1 (650 km, italienische Mautgebühr plus Brenner ca. 45 € und österreichische 10-Tages-Vignette 9,20 €), **von Zürich** nimmt man am besten die Strecke über Bellinzona und Mailand (600 km, ital. Maut knapp 30 € und Schweizer 1-Jahres-Vignette 33 €), **von Wien** ist die Strecke über Villach, Udine und Padua nach Bologna die schnellste (840 km, ital. Mautgebühr ca. 40 € und österreichische 10-Tages-Vignette 9,20 €).

An Wochenenden und bei Ferienbeginn und -ende ist die wichtigste Auto-

Der Hauptbahnhof ❶ verbindet Nord- mit Süditalien

bahnachse von Nord nach Süd **chronisch überlastet**, auch ein Ausweichen auf die Landstraße bringt meist nichts. Das Tragen einer Warnweste bei Verlassen des Fahrzeugs bei einer Panne außerorts ist europaweit Pflicht. Es muss eine Weste im Wagen vorhanden sein.

In Italien gilt außerorts eine **Geschwindigkeitsbeschränkung** von 90 km/h, auf Schnellstraßen von 110 km/h, auf Autobahnen von 130 km/h (150 km/h auf dreispurigen Autobahnen, wenn dies entsprechend ausgeschildert ist). Bei Regen darf auf allen Autobahnen maximal 110 km/h, auf Schnellstraßen 90 km/h gefahren werden. Fahrzeugpapiere sind entsprechend den Vorgaben im Heimatland mitzuführen.

Mit dem Zug

Der Hauptbahnhof (1) von Florenz liegt an der wichtigsten Nord-Süd-Achse des Schienenverkehrs von Mitteleuropa nach Süditalien. **Von München** gibt es nur eine Direktverbindung: den Nightjet mit Liege- und Schlafwagen. Er fährt gut neun Stunden. Wer die Tagesfahrt (um 8 Stunden) bevorzugt, muss in Bologna oder Verona umsteigen.

Von **Wien-Südbahnhof** fährt ebenfalls ein Nachtzug direkt (11 Std.), bei den Tageszügen muss mindestens einmal umgestiegen werden (Bologna oder Venedig, 11 Std.). Will man von **Zürich** über Nacht reisen, muss man nach Innsbruck und dort in den Münchner Nightjet einsteigen, die Fahrzeit beträgt dann insgesamt 11 Stunden, der Tageszug benötigt über Mailand 6–7 Stunden. Für alle genannten Verbindungen besteht Reservierungspflicht.

Autofahren

Allgemeine Situation

Autofahren in Florenz ist unnötig und wegen der limitierten Parkplätze und der guten Erreichbarkeit der Sehenswürdigkeiten zu Fuß auch sinnlos. Au-

052fl Abb.: pxl©zaubervogel

ßerdem ist die **Einfahrt in die Altstadt stark reglementiert,** die zur **„Zona a Traffico limitato“** (ZTL) erklärt wurde. Die ZTL erstreckt sich von der Piazza della Liberta [O5] im Norden entlang der Ringstraße über die ganze Altstadt, wird westlich und östlich von den Brücken Ponte San Niccolò [Q10] und Ponte Vespucci [K8] begrenzt und umfasst im Süden auch das Viertel Oltrarno.

Die **Zufahrt für die Gepäckaufgabe in den Unterkünften** ist nur nach Voranmeldung erlaubt, wird mit Kameras überwacht und **illegales Einfahren mit hohen Strafen geahndet.** Das gebuchte Hotel meldet der Polizei die Details des Fahrzeugs (Nummernschild), die Einfahrtszeit und die Dauer für das Entladen. Nach Gepäckabgabe sollte man baldmöglichst in einer der Garagen (s. u.) parken. Keinesfalls darf man innerhalb der Zone die Fußgängerzone befahren. Im Übrigen kapituliert im Einbahnstraßensystem von Florenz jedes Navigationsgerät.

053fl Abb.: sk

Parken

Das Parkhaus ist die einzige und gleichzeitig kostspielige Möglichkeit, um zu parken: Mit **20 bis 30 € für 24 Stunden** muss man rechnen, falls das Parkhaus einen Tagestarif anbietet. Meistens sind die Stundenpreise ansteigend gestaffelt. Am besten stellt man sein Fahrzeug in den Parkhäusern „Parterre“, „Fortezza Fieri“ oder „Oltrarno“ ab. Alle genannten Parkhäuser sind 24 Stunden am Tag offen (www.firenzeparcheggi.it):

P134 [L5] **Fortezza Fiera,** Piazza Caduti nei Lager, Tel. 055 495969, 1,60 €/Std., 24 Std. 20 €, Monatsabo 120 €. Tiefgarage hinter der Messe in der Fortezza da Basso nördlich des Bahnhofs.

P135 [K11] **Oltrarno,** Piazza della Calza, Tel. 055 223274, 2 €/Std., Wochenabo 180 €. Parkfläche am Ende des Boboli-Gartens 37.

P136 [O5] **Parterre,** Via Madonna della Tosse 9, Tel. 055 5001994, 2 €/Std., 1. Tag 10 €, 2. Tag 15 €, jeder weitere 20 €. Tiefgarage relativ günstig im Norden der Altstadt hinter der Piazza della Liberta.

P137 [Q8] **Sant'Ambrogio,** Piazza Annigoni, Tel. 055 244641, 7–14 Uhr 1. Std. 1 €, 2. Std. 2 €, ab 3. Std. je 3 €, 14–7 Uhr 2 €/Std. Tiefgarage am Markt von Sant'Ambrogio.

P138 [L7] **Stazione SMN,** Piazza Stazione, Tel. 055 2302655, 3 €/Std. Tiefgarage am Bahnhof.

› Abgeschleppte Autos s. S. 116

Mietwagen

Wer Ausflüge unternehmen will, kann sich bei einer der zahlreichen Firmen einen Wagen leihen:

› **Avis,** Via Borgo Ognissanti 128/R, Tel. 055 213629, www.avisautonoleggio.it
› **Hertz,** Via Borgo Ognissanti 137/R, Tel. 055 2398205, www.hertz.it

- **Maggiore,** Via Maso Finiguerra 13/R, Tel. 055294578, www.maggiore.it
- **Sixt,** Via Palazzuolo 146/R, Tel. 055 285975, www.sixt.it

Barrierefreies Reisen

- Am **Flughafen** von Florenz (s. S. 108) wende man sich für Unterstützung an Tel. 055 3061830 oder betätige die Klingel außerhalb des Abflugterminals. Am Flughafen von Pisa kann man das Informationsbüro kontaktieren (Tel. 050 849300). Am **Bahnhof** 1 stehen ebenfalls Behinderteneinrichtungen zur Verfügung, unter der italienweit geltenden Nummer Tel. 800 906060 lässt sich Unterstützung anfordern (7–21 Uhr, mindestens 48 Std. im Voraus).
- Die **Parkhäuser** haben alle Parkflächen für die Fahrzeuge Behinderter ausgewiesen.
- Sofern man sich vorangemeldet hat, darf man an Wochentagen **in die Zone der verkehrsberuhigten Altstadt** fahren, (Tel. 800 339891, https://ztl.comune.fi.it). Ein spezieller **Taxiservice** sollte 48 Std. im Voraus gebucht werden (Tel. 055 4390). Einige der **Busse** der ATAF sind behindertengerecht ausgestattet.
- **Behindertentoiletten** befinden u. a. sich am Hauptbahnhof, Via della Stufa 25, Via Filippina Ecke Via Borgognona, Borgo Santa Croce 29/R, Piazza Ghiberti beim Mercato Sant'Ambrogio, Piazzale Michelangelo (Viale Galilei) und Via delo Sprone.
- Besonders **behindertengerecht ausgestattete Kirchen** sind Dom 9, Battistero di San Giovanni 10, San Lorenzo 5, Santa Maria Novella 2 und Santa Croce 18. Die **großen Museen** sind für Behinderte zugänglich, teils ist eine Begleitperson angeraten.
- Die Stadtverwaltung hat **Besichtigungstouren** mit detaillierten Tipps für Behinderte ausgearbeitet. Sie sind als Broschüren bei den Touristeninformationen (s. S. 113) erhältlich.
- **Infos zum barrierefreien Florenz** unter: www.firenzeturismo.it (u. a. auf Englisch)

◁ *Zweiräder sind ein gutes Mittel, um den Verkehrsstaus zu entgehen*

Diplomatische Vertretungen

- **Deutsche Botschaft in Rom,** Via San Martino della Battaglia 4, 00185 Roma, Tel. 06 49213208, www.rom.diplo.de
- **Deutsches Honorarkonsulat in Florenz,** Corso dei Tintori 3, 50122 Firenze, Tel. 055 2343543, Mo.–Fr. 9.30–12.30 Uhr (nur nach Voranmeldung)
- **Österreichische Botschaft in Rom,** Viale Bruno Buozzi 111, 00198 Rom, Tel. 06 8418212, www.bmeia.gv.at/oeb-rom, Mo.–Fr. 9–12 Uhr
- **Österreichisches Honorarkonsulat in Florenz,** Lungarno Vespucci 58, 50123 Florenz, cons.austria@alpiworld.com, Tel. 055 2654222, Mo.–Fr. 10–12 Uhr
- **Schweizer Botschaft in Rom,** Via Barnaba Oriani 61, 00197 Roma, Tel. 06 809571 (Konsularabteilung), www.eda.admin.ch/roma, Mo.–Fr. 9–12 Uhr
- **Schweizer Konsulat in Florenz,** Piazzale Galileo 5, c/o Hotel Park Palace, Tel. 055 222434, firenze@honrep.ch, Di.–Fr. 16–17 Uhr

Elektrizität

Die Netzspannung beträgt wie in Mitteleuropa 220 Volt, übliche Flachstecker sind benutzbar, oft auch Schukostecker. Weiterhin bieten die meisten Hotels auch Adapter an.

Geldfragen

Mit der **Debitkarte** (auch Girocard genannt) kann man mit der Geheimnummer an fast allen Geldautomaten Bargeld abheben. **Kreditkarten** werden im Allgemeinen akzeptiert.

Die **Lebenshaltungskosten** liegen in Italien gegenüber Mitteleuropa etwas höher. Dies betrifft besonders Lebensmittel, Unterkünfte und Restaurants. Die Nacht für zwei Personen im Doppelzimmer mit Bad ohne Frühstück kostet in einem einfachen Hotel zwischen 50 und 125 €, in einem Mittelklassehotel 80–200 € und in einem Luxushotel 200–600 €.

Ein Essen in einem Restaurant mit Vor-, Haupt- und Nachspeise kostet ohne Getränke ca. 20 € in einem einfachen Lokal, ca. 35 € in einer gehobenen Gaststätte und um 60 € in einem Spitzenlokal. Wer mit einer Pizza vorlieb nimmt, zahlt um 8 €. Ein offener Wein kostet zwischen 5 und 10 € für die Literkaraffe, Flaschenweine erhält man ab 15 €.

Die **Eintrittspreise** in den Hauptkirchen und Museen variieren zwischen 4 und 20 €. Für einen Besuch auf einfachem Niveau muss man in Florenz pro Person mit einem **Tagessatz** von 75 € rechnen, will man Mittelklassestandard, mit 125 €. Bei einem luxuriöseren Urlaub benötigt man ab 200 € pro Tag und Person.

Florenz preiswert

*Florenz ist **nur selten preiswert**, die Besucherströme lassen eigentlich nur in der Nebensaison zum Winter hin etwas nach. Dennoch kann man das eine oder andere preiswerter oder gar kostenlos genießen:*

- *Am ersten Sonntag jedes Monats ist in vielen **Museen** (auch in den Uffizien) der **Eintritt frei** (und der Ansturm ganz beträchtlich).*
- *Im Sommer finden **auf wechselnden öffentlichen Plätzen kostenlose Konzerte** statt, z. B. die Estate Fiorentina (s. S. 93).*
- *Eine **Stadttour mit den öffentlichen Verkehrsmitteln** kostet weit weniger als eine Fahrt mit dem Touristenbus.*
- *Wer sich nicht rund um die Uffizien, sondern **in Oltrarno** auf der anderen Seite des Arno einmietet, wird etwas weniger zahlen.*
- *Mit der **Firenzecard** kommt man drei Tage lang für 72 € in fast alle Museen und kann die öffentlichen Verkehrsmittel benutzen (s. S. 60).*
- *In den **Markthallen**, z. B. auf dem Mercato di Sant'Ambrogio 20, lässt sich die Versorgung weitaus günstiger gestalten als in den Restaurants.*
- *Ermäßigung in Museen s. S. 66*

Informationsquellen

Infostellen zu Hause

Das staatliche **italienische Fremdenverkehrsamt ENIT** hat in Deutschland, in Österreich und der Schweiz je ein Büro. Informationsmaterial muss schriftlich unter Beifügung von Porto (1,45 €) bestellt werden.

Einige Prospekte sind als PDF-Datei auf der deutschen Homepage abrufbar.

- www.enit.de
- www.enit.it
- **ENIT Frankfurt,** Barckhausstrasse 10, 60325 Frankfurt am Main, Tel. 069 237434

- **ENIT Wien,** Mariahilfer Straße 1b/ Mezzanin - Top XVI, 1060 Wien, Tel. 01 505163912
- **ENIT Zürich,** c/o Italienisches Generalkonsulat, Tödistrasse 65, 8002 Zürich, Tel. 044 5440797

Infostellen in der Stadt

- 139 [N7] **Tourismusinformation Via Cavour 1/R,** Tel. +39 055 290832 oder 055 290833, Mo.–Fr. 9–13 Uhr
- 140 [N8] **Tourismusinformation Bigallo,** Piazza San Giovanni 1, Tel. +39 055 288496, Mo.–Sa. 9–19, So. 9–14 Uhr
- **Informationsbüro am Aeroporto di Firenze** (s. S. 108), Peretola via del Termine 1, Ankunftshalle, Tel. +39 055 315874, tgl. 9–19 Uhr
- 141 [L7] **Informationsbüro Piazza Stazione 4/a,** Tel. +39 055 212245, Mo.–Sa. 9–19, So. 9–14 Uhr

Florenz im Internet

- **www.firenzeturismo.it:** offizielle Website der Tourismusorganisation der Stadt, viele praktische Informationen, auch auf Englisch.
- **www.firenzemusei.it:** offizielle Website für den Ticketverkauf der staatlichen Museen (auch auf Englisch).

EXTRATIPP

Kostenlose Zeitungslektüre

142 [O8] **Biblioteca Comunale Centrale,** Via San Egidion 21, Tel. 055 2616512, www.bncf.firenze.sbn.it, Mo.–Sa. 8.30–13.30 Uhr. In der öffentlichen Bibliothek kann man neben klassischen Monographien italienische Tageszeitungen und Wochenzeitschriften lesen. Deutsche Zeitungen führen die Bibliotheken in Florenz leider nicht.

Unsere Literaturtipps

- ***Magdalen Nabbs Wachtmeister Guarnaccia*** *löst 14 Fälle in Florenz, alle Bücher mit ihm sind bei Diogenes (www.diogenes.ch) erschienen (s. S. 106).*
- *Michele Giuttari:* ***„Das Monster von Florenz: Anatomie einer Ermittlung“****, Bastei-Lübbe 2008. Der Autor, Kommissar und Chefermittler, hat in seinem spannend geschriebenen Buch den Fall des „Monsters von Florenz“ bis ins kleinste Detail dargestellt.*
- *Dantes* ***„Göttliche Komödie“*** *gibt es in unzähligen Ausgaben, u. a. bei Reclam.*

- **www.museicivicifiorentini.comune.fi.it:** offizielle Website der städtischen Museen (auch auf Deutsch).
- **http://ticketsmuseums.comune.fi.it:** offizielle Website für den Ticketverkauf der städtischen Museen (auch auf Englisch).
- **www.florentinermuseen.com:** über Florentiner Museen auf Deutsch
- **www.comune.fi.it:** Offizielle, nur teilweise ins Englische übersetzte Website der Stadt Florenz.

Publikationen und Medien

Deutschsprachige Zeitungen und Zeitschriften erhält man am Bahnhof 1 und an den Kiosken im Zentrum. Tageszeitungen bekommt man meist schon am Vormittag des Erscheinungstages.

Wer einen umfassenderen **Stadtplan** benötigt, geht in eine Buchhandlung und besorgt sich die Michelin-Karte Florenz im Maßstab 1:10.000 inkl. Straßenverzeichnis.

Internet

Florenz bietet Besuchern mit italienischer Mobilfunknummer an zahlreichen Plätzen kostenloses Wifi. Die Nutzung ist pro Gerät (Smartphone, Tablet etc.) auf 500 MB am Tag begrenzt. Wifi gibt es u.a. an folgenden Plätzen: Piazza della Signoria 28, Piazza Santa Croce 18, Piazza Santo Spirito 36, Piazza Santissima Annunziata 23, Piazza della Libertà [O5], Piazza Ghiberti [P8], Piazzale Michelangelo 41, Piazzale delle Cascine.

Auch Touristen mit ausländischer Mobilfunknummer können sich einloggen. Man wählt als Netzwerk FirenzeWIFI und gibt im Browserfenster „www.ansa.it" oder „www.repubblica.it" ein und bestätigt den grünen Button „Naviga Libero/Free Internet", Support unter Tel. 055055 (Mo.–Sa. 8–20 Uhr). Reine Internetcafés sind in Florenz praktisch nicht mehr vorhanden, dafür haben fast alle Hotels und auch einige Lokale ein Wifi-Netz.

LGBT+

Die Schwulen- und Lesbenszene von Florenz ist die älteste Italiens. In Florenz machte 1974 die erste Schwulendisco des Landes auf, das Tabasco.

› Das Büro der größten Schwulen- und Lesbenorganisation Italiens ist derzeit (Stand: Dez. 2018) nicht aktiv, Infos: Tel. 051 0957241, www.arcigay.it.

Treffpunkte

143 [O8] **Cantina Barbagianni** €€, Via Sant'Egidio 13/R, Tel. 055 2480508, www.cantinabarbagianni.it, tgl. 19–23.30 Uhr, Mo.–Fr. auch 12.30–14.30 Uhr. Gute toskanische, kreative Küche, ein Hauptgericht kostet etwa 20 €, kein reines Schwulenlokal, auch unter Heteros beliebt.

144 [O8] **FAIRY Gold**, Via della Vigna Vecchia 23, Tel. 345 0762937, www.facebook.com/FAIRYGOLD, Sept.–April Sa. 23.30–4 Uhr. Tanzen bei Partystimmung zu House und Italohits.

•145 [M6] **Florence Baths**, Via Guelfa 93/R, Tel. 055 216050, 14–1 Uhr. Kleine Sauna mit finnischem Schwitzbereich, türkischem Bad und mehreren Ruheräumen.

› **Gulp The Change**, Tel. 334 3786310, www.facebook.com/gulpthismustbethechange. Unregelmäßige Veranstaltungen an unterschiedlichen Orten – immer rappelvoll und immer beste Laune „for gays and friends".

146 [O8] **Mastro Ciliegia**, Via Matteo Palmieri 30/R, Tel. 055 2480444, www.ristorantemastrociliegia.com, tgl. 12–15.30 u. 19–24 Uhr. Einfache Trattoria und Pizzeria, leckere lokale Küche zu überzeugenden Preisen.

147 [O9] **Piccolo Café**, Borgo Santa Croce 23/R, Tel. 055 2001057, tgl. 18.30–2 Uhr. Kleine Bar, zu der auch Heteros Zutritt haben.

148 [P9] **Queer**, Borgo Allegri 9, Tel. 366 2759210, www.facebook.com/queerfirenze, tgl. ab 19 Uhr bis spät in die Nacht. Reine Schwulen- und Lesbenbar mit guter Musik (House und Pop).

Unterkünfte

Preiskategorien s. S. 120

149 [S9] **Bears & Breakfast** €€, Via San Giovanni Bosco 14, Tel. 055 660338, www.bearsandbreakfast.com. Zwei elegant und geschmackvoll eingerichtete Gästezimmer nur für Schwule in der 3. Etage eines Renaissancehauses.

150 [N6] **Mr. My Resort** €€€–€€€€, Via delle Ruote 28/R, Tel. 055 283955, www.mrflorence.it. Fünf extrem elegante Zimmer nicht nur für schwule Gäste.

Medizinische Versorgung

Grundsätzlich ist der Abschluss einer Auslandskrankenversicherung nicht verkehrt, doch sollte die „European Health Insurance Card" (Europäische Krankenversicherungskarte), die die jeweiligen heimischen Krankenversicherungen ausgeben, eigentlich anerkannt werden.

Ärztliche Hilfe

151 [N8] **Studio Medico Associato,** Via Roma 4, Tel. 055 475411, www.medicalservice.firenze.it, Mo.-Fr. 11-12 u. 13-15 u. 17-18 Uhr, Sa. 11-12 u. 13-15 Uhr, sonst nach Vereinbarung. Auch Hausbesuche sind möglich. Deutsch- und englischsprachige Ärzte stehen zur Verfügung, die Behandlung muss vor Ort bezahlt werden.

Apotheken

Apotheken erkennt man am roten Kreuz und dem Schriftzug „Farmacia".

152 [N8] **All'Insegna del Moro,** Piazza S. Giovanni 20/R (an der Nordseite des Platzes beim Dom), Tel. 055 211343, www.farmaciadelmoro.com

153 [L7] **Farmacia Comunale,** Stazione Firenze SMN (in der Bahnhofshalle), www.farmaciecomunalifirenze.it, Tel. 055 289435, 24 Std. offen

154 [N8] **Molteni,** Via Calzaiuoli 7/R (bei der Piazza Signoria), Tel. 055 289490, www.farmacia-molteni.com, tgl. 8-22 Uhr

Mit Kindern unterwegs

Bei den Informationsbüros (s. S. 113) sind Broschüren für einen Aufenthalt mit Kindern erhältlich. Der Eintritt in Museen ist z. T für Kinder unter 12, z. T. für Jugendliche unter 18 Jahren frei. Busfahrten sind für Kinder mit einer Größe unter 1 m kostenlos.

155 [O9] **Biblioteca dei Ragazzi,** Via Tripoli 34, Tel. 055 2478551, www.biblioteche.comune.fi.it/biblioteca_

Pause (nicht nur) für die Kleinen an der Piazza dell'Indipendenza [M6]

dei_ragazzi, Mi.–Fr. 9–13, Di. u. Do. 9–13, 14.30–17.30 Uhr, Eintritt frei. Die Kinderbibliothek der Kommune bietet Bücher, Comics, CDs und Videos in vielen Sprachen für Besucher von 2 bis 16 Jahren.

- **Gärten:** Der ausgedehnte Giardino di Boboli 37 eignet sich gut zum Austoben und Versteckenspielen im Labyrinth seiner Gänge.
- **Karussell:** Das historische Karussell auf der Piazza della Repubblica [M/N8] ist ebenfalls ein beliebter Kindermagnet.
- **Kutschenfahrt:** Mit der Kalesche duch die engen Gassen der Altstadt zu fahren ist ein beeindruckendes Erlebnis, am Dom 9 warten sie auf Gäste.
- **Museen:** Folgende Museen sind für Kinder besonders interessant. Im Palazzo Vecchio 28 ist eine eigene Abteilung auf Kinder spezialisiert, man unternimmt nach Vorbuchung z. B. Touren durch die verschwiegenen Gänge des Palastes. Das Museo Stibbert finden v. a. Jungs wegen seiner Rüstungen und Waffen toll. Das Museo del Costume im Palazzo Pitti 37 wiederum ist eher etwas für Mädchen. Das Museo Galileo 30 schließlich ist mit seinen Instrumenten zur Himmelsbeobachtung eine willkommene Abwechslung von zu viel Kunst. Das **Museo degli Innocenti** (s. S. 63) bietet Workshops für kleine Kunsthistoriker.
- **Spielplätze:** Am nördlichen Ende der Piazza del Indipendenza [M6] befindet sich eine kleine Parkanlage mit Spielplatz. Weitere Spielflächen für kleinere Kinder gibt es an der Piazza di Azeglio in Santa Croce [P/Q7] und im Parco Lungarno di Santa Rosa (San Frediano [J8]), wo auf der Spielfläche ein Piratenschiff auf Kletterkünstler wartet.
- **Turmbesteigungen:** Die Aufgänge sowohl in der Kuppel des Doms 9 als auch in dessen Campanile sind besonders für Kinder abenteuerlich.

Notfälle

Notrufnummern

- **Polizeinotruf:** Tel. 112
- **Rettungsdienst:** Tel. 112
- **ACI Pannenhilfe:** rund um die Uhr unter Tel. 803116, für ausländische Handys Tel. 02 66165593
- **ADAC:** Auslandsnotruf Zentrale Tel. +49 89 222222
- **ÖAMTC:** Tel. 0043 1 2512000, Schutzbriefnothilfe im Ausland
- **TCS:** Tel. 0041 58 8276316, Notruf in der Schweiz
- **Abgeschleppte Autos:** Tel. 055 4224142, informiert, wohin das Fahrzeug gebracht wurde. Meist steht es im Depot an der Via Allende. Auf www.serviziallastrada.it kann man sein Autokennzeichen eingeben, um herauszufinden, ob das Auto abgeschleppt wurde. Abholen kann man das Fahrzeug Mo.–Fr. 8–20 und Sa. 8–19 Uhr.

Diebstahl

Benötigt man Polizeiunterstützung auf Deutsch oder Englisch, wende man sich an das

156 [P8] **Commissariato di Polizia S. Giovanni,** Via Pietrapiana 50/R, Tel. 055 203911

157 [H5] **Fundbüro,** Via Veracini 5/5, Tel. 055 334802, Mo./Mi./Fr. 9–12.30, Di./Do. 14.30–16 Uhr

Kartenverlust

Bei **Verlust der Debit-/Giro-, Kredit- oder SIM-Karte** gibt es für Kartensperrungen eine **deutsche Zentralnummer** (unbedingt vor der Reise klären, ob die eigene Bank bzw. der jeweilige Mobilfunkanbieter diesem Notrufsystem angeschlossen ist). **Aber Achtung:** Mit der telefonischen

Sperrung sind die Bezahlkarten zwar für die Bezahlung/Geldabhebung mit der PIN gesperrt, nicht jedoch für das **Lastschriftverfahren mit Unterschrift.** Man sollte daher auf jeden Fall den Verlust zusätzlich **bei der Polizei zur Anzeige bringen,** um gegebenenfalls auftretende Ansprüche zurückweisen zu können.

In **Österreich** und der **Schweiz** gibt es keine zentrale Sperrnummer, daher sollten sich Besitzer von in diesen Ländern ausgestellten Debit- oder Kreditkarten vor der Abreise bei ihrem Kreditinstitut über den zuständigen Sperrnotruf informieren.

Generell sollte man sich immer die **wichtigsten Daten** wie Kartennummer und Ausstellungsdatum **separat notieren,** da diese unter Umständen abgefragt werden.

- **Deutscher Sperrnotruf:** Tel. +49 116116 oder Tel. +49 3040504050
- **Weitere Infos:** www.kartensicherheit.de, www.sperr-notruf.de

Öffnungszeiten

- **Ämter:** Mo.–Fr. 8.30/9–13.30 und 15–17.30 Uhr
- **Banken:** Mo.–Do. 8.30–13.30 und 15–16 Uhr, Fr. 8.30–13.30 und 14.45–15.45 Uhr
- **Geschäfte:** Mo.–Sa. 8.30–12.30 und 15.30–19.30 Uhr (Montagvormittag häufig geschlossen)
- **Museen:** meist Di.–So. (sonntags eingeschränkte Öffnungszeiten, geschlossen Mo., Weihnachten, Neujahr und 1. Mai)
- **Post:** Mo.–Fr. 8.15–13.30 (teils bis 19 Uhr), Sa. 8.15–12.30 Uhr

055fl Abb.: pxl©Oliver-Weber

Postkarten in einem Briefkuvert kommen schneller an

Post

Das **Porto** für einen Standardbrief nach Europa beträgt 1,15 € (Posta-mail Internazionale), **Briefmarken** sind auf den Postämtern und in den Tabacchi-Läden erhältlich (gekennzeichnet mit einem weißen „T" auf blauem Grund). Da Postkarten sehr stiefmütterlich bearbeitet werden, sollte man diese in einen Umschlag stecken und als Standardbrief versenden.

Postämter haben vormittags zwischen 8.15 und 13.30 Uhr geöffnet, Hauptpostämter ganztags.

158 [M8] **Hauptpost,** Via Pellicceria 3, Mo.–Sa. 8.15–19 Uhr

Radfahren

In der Altstadt darf man – im Unterschied zum Auto – mit dem Rad unterwegs sein. Mehrere Firmen **verleihen Räder** oder bieten **Touren** an, z. B.:

S159 [N6] **Alinari**, Via San Zanobi 38/R, Tel. 055 280500, www.alinarirental.com, 1 Std. 2,50 €, 1 Tag 12 €

S160 [N6] **Florence by Bike**, Via San Zanobi 120/R, Tel. 055 488992, www.florencebybike.it, 1 Std. 3 €, 1 Tag 12 €

› **I bike Florence**, Via de'Lamberti 1, Tel. 055 0123994, www.ibikeflorence.com. Zwei Touren täglich (morgens und nachmittags), Dauer etwa 2,5 Std., Räder werden gestellt, ab 35 €.

Sicherheit

Florenz gilt als **sicher**, auch wenn es Gegenden gibt, in denen man sich nachts nicht allein aufhalten sollte. Die Tag und Nacht belebte Innenstadt gehört nicht dazu, hier kann man sich ohne Probleme immer bewegen. Aber Gelegenheit macht **Diebe!** Man sollte nicht mit Geld, Schmuck oder wertvollen Kameras beweisen, was man sich so alles leisten kann. Im Falle eines Diebstahls wende man sich an die überall postierten Polizistinnen und Polizisten, die meist mindestens eine Fremdsprache sprechen.

Sprache

In Florenz wird **viel Englisch gesprochen**, sodass eine Verständigung im Normalfall kein Problem ist.

Speisekarten sind meist zweisprachig, jedoch selten auf Deutsch.

Die Ausstellungsstücke in den Museen sind häufig mehrsprachig beschriftet, öfter ist auch eine Broschüre mit Erklärungen auf Deutsch erhältlich.

Der Sprachführer **„Kauderwelsch Italienisch – Wort für Wort"** aus dem Reise Know-How Verlag hilft bei der Verständigung, wenn es auch mit Händen und Füßen nicht mehr weiter geht, eine „Kleine Sprachhilfe" ist im Anhang zu finden (s. S. 126).

Stadttouren

Mit dem **Doppeldeckerbus mit offenem Oberdeck** geht es auf zwei Linien in einer großen oder kleineren Rundtour durch Florenz. Man kann jederzeit zu- und aussteigen, die Kommentare sind u. a. auf Deutsch.

› **City Sightseeing**, Abfahrt Bahnhof 1, Piazza Stazione 1, Tel. 055 290451, www.firenze.city-sightseeing.it, Linie A: alle 15. Min. 9 bis 19 Uhr (im Sommer bis 23 Uhr), 1 Std. Fahrtzeit mit 18 Haltestellen; Linie B: jede volle Stunde 10 bis 19 Uhr (im Sommer bis 20 Uhr): 2 Std. Fahrtzeit mit 24 Haltestellen, Ticket 24 € (1 Tag)/28 € (2 Tage)/33 € (3 Tage), Kinder 5–15 Jahre 12 €/14 €/17 €, Familie (2 Erw., 3 Kinder) 70 € (1 Tag)/80 € (2 Tage)

Für Stadtführungen in Gruppen mit unterschiedlichen Themen kann man sich an die Touristeninformationen (s. S. 113) wenden. Mehrere Organisationen vermitteln individuelle Stadtführungen, eine Liste dieser Firmen erhält man ebenfalls bei den Touristeninformationen. Hier einige ausgewählte **Spezialtouren:**

› Mit dem **Fahrrad:** Tel. 055 0123994, www.ibikeflorence.com

› Ausgefallene Stadtführungen bietet regelmäßig die **ArteMide Associazione Culturale** an: Es geht auf Abwegen durch die Museen, in den Untergrund und an

„geheime" Plätze (leider nur auf Italienisch), Führungen ab 10 €, Vorausbuchung unter www.artemidefirenze.com notwendig.

Telefonieren

Seit Mitte 2017 gibt es in der EU keine Roaminggebühren mehr. Damit wird das Telefonieren und Surfen mit dem Handy im EU-Ausland so günstig wie zu Hause – es sei denn, man nutzt das Handy im Ausland über einen längeren Zeitraum hinweg, dann können je nach Anbieter Nutzungsobergrenzen gelten.

Wer nach Italien und innerhalb Italiens telefoniert, muss beachten, dass **Festnetznummern prinzipiell mit der Ortsvorwahl und der vorangestellten „0" gewählt werden müssen:** von Mitteleuropa nach Florenz also „0039 055 …", innerhalb Florenz' „055 …". Italienische Mobilfunknummern werden hingegen prinzipiell ohne vorangestellte „0" gewählt.

› **Vorwahlen:** Italien 0039, Deutschland 0049, Österreich 0043, Schweiz 0041

Uhrzeit

Die Zeit in Italien entspricht der MEZ (mitteleuropäische Zeit) bzw. MESZ (mitteleuropäische Sommerzeit). Da man sich – wenn auch nur ein wenig – näher am Äquator befindet, geht die Sonne minimal später auf und etwas früher unter.

Unterkunft

Trotz zahlreicher Unterkunftsmöglichkeiten in Stadt und Umgebung ist Florenz häufig ausgebucht, sodass eine **rechtzeitige Reservierung** angeraten ist. Unterkünfte sind bei starkem Besucherandrang oft teurer als sonst und auch einfachere Herbergen wie Bed-and-Breakfast-Betriebe schlagen dann beim Preis zu.

Die bequemste Art, die verkehrsberuhigte Altstadt zu entdecken: eine Kutschfahrt

EXTRAINFO

Buchungsportale

Neben Buchungsportalen für **Hotels** (z. B. www.booking.com, www.hrs.de oder www.trivago.de) bzw. für **Hostels** (z. B. www.hostelworld.de oder www.hostelbookers.de) gibt es auch Anbieter, bei denen man **Privatunterkünfte** buchen kann. Portale wie www.airbnb.de, www.wimdu.de oder www.9flats.com vermitteln Wohnungen, Zimmer oder auch nur einen Schlafplatz auf einer Couch. Diese oft recht günstigen Übernachtungsmöglichkeiten sind nicht unumstritten, weil manchmal normale Wohnungen gewerblich missbraucht werden. Einige Städte greifen deshalb regulierend ein.

Unterkünfte aller Kategorien sind auf Florentiner Stadtgebiet zu finden, von der 5-Sterne-Luxusunterkunft bis zum 1-Sterne-Budgethotel. Zahlreiche B&B-Betriebe bieten Zimmer an (im Allgemeinen mit Bad). Mehrere Jugendherbergen und Hostels stehen nicht nur der Jugend offen, ein Campingplatz liegt fast zentral, zwei Campingplätze befinden sich etwas außerhalb. Die angegebenen Preise sind Circa-Preise inklusive Frühstück und können sich jederzeit ändern.

Die Stadt verpflichtet alle Beherbergungsbetriebe, von jedem Gast eine **Aufenthaltssteuer** zwischen 2 und 5 € (je nach Hotelklasse) für maximal sieben Tage zu erheben.

Von den Internetportalen für Unterkünfte seien hier zwei empfohlen:

› **Viva Firenze,** Tel. 055 290730, Via Del Giglio 10, www.vivafirenze.it, ein Teil des Gewinns geht in den Erhalt der Stadt

› **Associazione Bed & Breakfast Affittacamere,** Tel. 089763115, www.anbba.it, nationale Organisation von B&Bs

Hotels

161 [N8] **Albergo Firenze** €€-€€€, Piazza de Donati 4, www.albergofirenzehotel.com, Tel. 055 214203. **Zweckmäßig und sauber:** 57 Zimmer mit allem Notwendigen wie Bad, Klimaanlage und TV zwischen Dom und Palazzo Vecchio. Die Zimmer nach vorne haben Schallschutz!

162 [K11] **Convitto della Calza** €€, Piazza della Calza 6, Tel. 055 222287, www.calza.it. **Wo es sich Mönche gut gehen ließen:** am Ende des Boboli-Gartens gelegenes Mittelklassehotel mit 33 Zimmern in einem Konvikt aus dem 16. Jh. mit originalen Fresken, modern augestattet.

163 [O8] **Hotel Bavaria** €€, Borgo degli Albizi 26, Tel. 055 2340313, www.hotelbavariafirenze.it. **Im Palazzo:** 150 m vom Dom gelegen, elegant und geschmackvoll eingerichtet.

164 [N8] **Hotel Brunelleschi** €€€€-€€€€€, Piazza Santa Elisabetta 3, Tel. 055 27370, www.hotelbrunelleschi.it. **Tradition direkt am Dom:** 95 Zimmer und Suiten im 4-Sterne-Hotel mit Geschichte. Hier gibt es allen Luxus, den so ein Haus bei diesen Zimmerpreisen jedoch auch haben sollte: Das Doppelzimmer kostet 380 €, es gibt aber auch Spezialangebote für 120 €.

165 [N7] **Hotel Collodi** €€-€€€€, Via Taddea 6, www.relaishotel.com, Tel. 055 291317. **Sauber und gediegen:**

Preiskategorien

€	bis 50 €
€€	50–100 €
€€€	100–150 €
€€€€	150–250 €
€€€€€	ab 250 €

(Preis für ein Doppelzimmer mit Frühstück)

Nahe dem Mercato Centrale besitzt das nach Pinocchios Erfinder benannte Hotel helle, geschmackvoll möblierte Zimmer mit Bad, TV, Klimaanlage und Minibar.

166 [N8] **Hotel de Lanzi** €€-€€€, Via delle Oche 11, Tel. 055 288043, www.hotel delanziflorence.com. **In perfekter Lage:** nur 30 m vom Dom und mit gutem Frühstück. Die Zimmer sind teils etwas abgewohnt, dafür ist der Preis günstig.

167 [N6] **Hotel Genesio** €€-€€€, Via XXVII Aprile 9, Tel. 055 496208, www.hotel genesio.it. **Modern und angenehm:** Zentral gelegen (10 Minuten zu Fuß vom Bahnhof), mit Garage, WLAN und Klimaanlage. Helle und freundliche Einrichtung, die Preise richten sich nach der Auslastung, sodass durchaus ein Schnäppchen drin ist.

168 [N6] **Hotel Orto dei Medici** €€€-€€€€, Via San Gallo 30, Tel. 055 483427, www.ortodeimedici.it. **Wie beim Fürsten selbst:** in einer ruhigeren Straße nördlich von San Lorenzo gelegenes Hotel mit 31 ausgesucht möblierten Zimmern, eleganten Aufenthaltsräumen und Terrasse.

169 [L9] **Hotel Palazzo Guadagni** €€€, Piazza di Santo Spirito 9, Tel. 055 2658376, www.palazzoguadagni.com. **Hoch über dem Trubel:** unvergleichliche Lage und Loggia über dem Platz in einem Renaissancepalast. Elegante, teils mit Fresken versehene Zimmer, die mit Antiquitäten eingerichtet sind (mit Bad, TV, Klimaanlage und Minibar).

170 [N7] **Hotel San Lorenzo** €€, Via Rosina 4, Tel. 055 2382913, www.san lorenzohotel.it. **Einfach, aber mit Historie:** Nahe dem Mercato Centrale sind die acht einfach, aber nicht unfreundlich eingerichteten Zimmer in einem Palast aus dem 15. Jh. untergebracht.

171 [N8] **Pensione Canada** €€, Borgo San Lorenzo 14, Tel. 055 210074, www.pensionecanada.com. **Pension für Anspruchslose:** In der 2. Etage 100 m von der Piazza Duomo entfernt, große Zimmer, Salon mit TV, Doppelzimmer mit oder ohne Bad, kein Frühstück.

057fl Abb.: sk

172 [K8] **Relais Il Cestello** €€-€€€, Piazza di Cestello 9, Tel. 055 280632, www. hotelrelaisilcestello.com. **Gemütliches Hotel:** neun Zimmer in Oltrarno bei der Porta San Frediano in einem ehemaligen Pferdepostgebäude mit netter Atmosphäre. Angenehm eingerichtet und mit angeschlossenem Restaurant.

173 [L8] **Tourist House** €€, Via della Scala 1, Tel. 055 268675, www. touristhouse.com. **Alles, was man braucht:** An der Piazza Santa Maria Novella, unaufdringlich eingerichtete Zimmer (teils zum Innenhof) mit TV und Klimaanlage.

Das Hotel Palazzo Guadagni erlaubt stilvolles Wohnen

Bed and Breakfast

174 [N6] **Le Rondini** €-€€, Via San Zanobi 43, www.residenza-lerondini.com, Tel. 055 4620226. **Zimmer mit Beratung:** Unweit der Piazza di San Marco beherbergt das Haus 5 Zimmer mit Bad, Klimaanlage und TV.

175 [O9] **MartinDago** €€, Corso dei Tintori 6, www.martindago.it, Tel. 055 5383854. **Klein und fein:** In der Nähe von Santa Croce liegt dieses Bed and Breakfast mit vier äußerst liebevoll und geschmackssicher eingerichteten Zimmern (zwei mit eigenem Bad und zwei, die sich ein Bad teilen). Nur wenige Minuten sind es zur Piazza della Signoria 28.

176 [M9] **Old Bridge** €€, Via Guicciardini 22 nero, Tel. 055 2654262, www.florenceoldbridge.com. **Wo alle hinwollen:** Tolle Lage im Geschehen zwischen Ponte Vecchio und Palazzo Pitti, zwei Zimmer und eine Suite in der 2. Etage, jeweils mit Bad, das Frühstück wird gegenüber in einer Bar eingenommen (5 €/Person extra), sauber und zweckmäßig-elegant eingerichtet.

177 [N8] **Relais del Duomo** €€, Piazza dell'Olio, www.relaisdelduomo.it, Tel. 055 210147. **Charmant und ruhig:** Wenige Schritte vom Dom in der 1. Etage eines Palastes aus dem 17. Jh. befinden sich vier ruhige Zimmer mit Bad, Klimaanlage und TV (Mindestaufenthalt zwei Nächte).

Hostels

178 [N6] **Hostel Plus Florence** €-€€, Via di Santa Caterina d'Alessandria 15, Tel. 055 4628934, www.humancompany.com. **Modern und hip:** Hostel mit Hotelkomfort und allen Annehmlichkeiten, heiß begehrt, deshalb unbedingt reservieren! Der Clou sind die Mädchenzimmer mit Schminktisch. Außerdem sind Schwimmbad, Cafeteria, Bar und Terrasse im Angebot. Doppelzimmer und Schlafsäle.

179 [O5] **Ostello Gallo d'Oro** €€, Via Camillo Cavour 104, Tel. 055 5522964, www.ostellogallodoro.it. **Ein Hostel, wie es sein soll:** Im Norden der Altstadt liegt diese Mischung aus Hostel und Hotel in einem Neubau. Sehr sauber und angenehm, Zimmer mit TV und Bad, Aufenthaltsraum, kostenloses WLAN.

180 [V4] **Ostello della Gioventu Villa Camerata** €-€€, Viale Augusto Righi 4, Tel. 055 601451, www.ostellodifirenze.it. **Staatlich, praktisch, gut:** 5 km vom Bahnhof (Bus Nr. 17) entfernt liegt die größte Jugendherberge der Stadt mit 350 Betten (auch Familienzimmer) in einem Gebäude des 15. Jh. und in einem Park. Cafeteria, Filmvorführungen, Camping möglich.

181 [L9] **Ostello Santa Monaca** €, Via Santa Monaca 6, Tel. 055 268338, www.ostellosantamonaca.com. **Für den Kurzaufenthalt:** Privates *Ostello* mit Küchenbenutzung, Aufenthaltsraum, Waschmaschinen und TV, einfach aber sauber und nahe der Piazza Santo Spirito gut gelegen. 4-Bett-Zimmer und Schlafsaal.

Camping

182 **Camping in Town,** Viale Generale Dalla Chiesa 1–3, Tel. 055 4698300, www.humancompany.com, ganzjährig geöffnet. 4 km vom Zentrum im Grünen und in der Nähe des Arno, schöner Platz mit sauberen Sanitäreinrichtungen und großem Schwimmbecken, Restaurant und Pizzeria, Supermarkt, Camperservice. In die Stadt kommt man gut mit dem Rad am Flussufer entlang.

183 **Internazionale,** Via San Cristofano 2, 50029 Bottai-Impruneta, Tel. 055 2374704, www.campinginternazionalefirenze.com, ganzjährig geöffnet. 6 km außerhalb in Richtung Süden gelegen, verbinden die Buslinien Nr. 37 (tagsüber) und 68 (21–24 Uhr) den Platz mit der Stadt (Haltestelle 500 m vom Eingang). Schattiger Platz mit Schwimmbad, es werden auch Bungalows vermietet.

› **Ostello della Gioventu Villa Camerata** (s. S. 122). Ganzjährig geöffnet, 5 km vom Bahnhof entfernt (Bus Nr. 17). Kleiner, sehr einfacher Platz bei der Jugendherberge, heiße Duschen.

Verhaltenstipps

So ist es gut

› In Italien hat **Pünktlichkeit bei Verabredungen** nicht den Stellenwert wie in Mitteleuropa, da aber Ausnahmen die Regel bestätigen, sollte man versuchen, seine Termine einzuhalten.

› Wer auf der Universität einen **Titel** erworben hat, liebt ihn und es, mit diesem angesprochen zu werden – wenn auch an den Titelerwerb des *dottore* in Italien nicht die Anforderungen gestellt werden wie in Mitteleuropa.

So besser nicht

› Einen **Cappuccino nach 11 Uhr** zu trinken bedeutet nichts anderes, als dass man aus dem hohen Norden kommt und vom *dolce vita* nichts versteht!

› Wer in einem *ristorante* **nur einen Gang bestellt,** zieht sich den Unmut des Personals zu. Man speist zumindest ein *primo* (erster Gang) und ein *secondo* (zweiter Gang). Eine Ausnahme ist die Pizzeria: Hier genügt auch ein einfacher Teigfladen plus Getränk.

So keinesfalls

› **Rauchen** in einem Lokal oder einem öffentlichen Gebäude ist strikt untersagt und wird mit hohen Geldstrafen belegt!

› Wer **Kirchen in unangemessener Kleidung** (schulterfrei, Shorts, kurze Röcke, Feinrippunterhemd) betritt, ruft schnell den Küster auf den Plan und erntet zu Recht missbilligende Blicke von den Gläubigen!

So oder so

› Sein **Mobiltelefon** bei einem Gespräch auszuschalten ist nicht nötig, zumindest macht es „der Italiener an sich“ nicht. Wenn es läutet, wird mit einem verzeihenden Blick und einem *scusi* mal eben schnell der Gesprächspartner gewechselt.

› Eine **kleine Mahlzeit auf der Straße** ist in Florenz erlaubt und für die Einheimischen ist es ganz selbstverständlich, *crostini* oder ein *panino* aus der Hand zu verspeisen. Wer Zeit hat, setzt sich für die Pause auf eine Bank oder geht in eine Bar.

Verkehrsmittel

Bus

Das **Busnetz der ATAF** (Azienda Trasporti Area Fiorentina) ist in Florenz dicht geknüpft. Am Bahnhof ❶ befindet sich ein Kiosk der ATAF, wo man einen Linienplan und Tickets erhält. Ansonsten kauft man Tickets in **Tabakläden** (mit einem „T“ für *tabacchi*), Bars und an Parkuhren (Einzelfahrt 1,50 € für 90 Min. gültig). Löst man die Fahrkarte im Bus, kostet das Ticket 2,50 €, wobei die Busfahrer nicht verpflichtet sind, Wechselgeld herauszugeben. Die Fahrkarten müssen entwertet werden. Die 10-Fahrten-Karte für 14 € erhält man in Form einer elektronischen Karte, die ebenfalls jeweils entwertet werden muss.

› **ATAF,** www.ataf.net

Tram

Neben der Straßenbahnlinie 1 (Tramvia Linea 1), die jedoch touristisch nicht weiter relevant ist, steht die Tramvia Linea 2 kurz vor der Fertigstellung. Diese Linie wird den Flughafen mit der Innenstadt verbinden.

› www.gestramvia.com

Taxi

Florenz wird von den sogenannten **Radiotaxis** 24 Stunden lang am Tag versorgt (CO.TA.FI, www.4390.it, Tel. 0554390 oder SOCOTA, Tel. 0554242, www.4242.it).

Für alle Fahrten muss das Taxameter eingeschaltet sein. Für eine kurze Fahrt im Zentrum muss man mit 6–10 € rechnen, nachts und an Sonn-/Feiertagen kommen Aufschläge hinzu.

Taxi-Standplätze gibt es u. a. an folgenden Orten:

› am Bahnhof, Piazza della Repubblica, Piazza Duomo, Piazza Santa Maria Novella, Piazza Santa Croce und Piazza Santa Trinita

Wetter und Reisezeit

Saison ist in Florenz **das ganze Jahr über.** Allerdings hat es seinen Grund, dass die Florentiner die Stadt in den Monaten Juli und August Richtung Berge oder Meer verlassen. Wer hitzeempfindlich ist, sollte diese Zeit meiden. Am schönsten ist es im **Frühjahr** (April bis Juni) und in den **Herbstmonaten** September und Oktober. Die Temperaturen sind angenehm, nicht zu heiß und nicht zu kalt. Aber auch in den **Wintermonaten** sind die Temperaturen wesentlich angenehmer als in Mitteleuropa, so kann es tagsüber durchaus 10 oder 12 °C haben und nur selten gefriert es nachts. Die Durchschnittstemperatur beträgt im Dezember und Januar etwa 7 °C.

Generell gilt, dass unabhängig von der Jahreszeit die **Besucherströme zu Ferienzeiten und an Feiertagen mit Brückentagen massiv zunehmen.** An Ostern oder Pfingsten sollte man, wenn man flexibel ist, nicht nach Florenz kommen – es sei denn, die dichten Menschentrauben machen einem nichts aus.

Wetter in Florenz

Durchschnitt	Jan	Febr	März	Apr	Mai	Juni	Juli	Aug	Sept	Okt	Nov	Dez
Maximale Temperatur	10°	12°	15°	19°	23°	27°	31°	31°	27°	21°	15°	10°
Minimale Temperatur	1°	3°	5°	8°	11°	15°	17°	17°	14°	10°	6°	2°
Regentage	9	8	9	9	9	6	4	6	6	7	10	9

ANHANG

080fl Abb.: sk

Kleine Sprachhilfe Italienisch

Die Sprachhilfe entstammt den Kauderwelsch-Sprachführern **„Italienisch – Wort für Wort"** und **„Italienisch kulinarisch"** aus dem Reise Know-How Verlag.

Aussprache

Hier sind diejenigen Buchstaben(kombinationen) aufgeführt, deren Aussprache abweichend vom Deutschen ist bzw. sein kann.

ie, ai, eu	Doppellaute werden immer getrennt; ausgesprochen, also „i-e", „a-i", „e-u".
c	wie „k" vor den Selbstlauten a, o, u; wie „tsch" in „Matsch" vor den Selbstlauten e, i
ch	wie „k"
g	wie „g" vor den Selbstlauten a, o, u; wie „dsch" in „Dschungel" vor den Selbstlauten e, i
gh	wie „g"
gli	wie „lj"
gn	wie „nj" in „Tanja"
h	stumm, wird nicht gesprochen
r	gerolltes Zungenspitzen-r
s	am Wortanfang immer stimmloses „s" wie in „Bus"; in der Wortmitte zwischen Selbstlauten stimmhaftes „s" wie in „Rose"
st	spitzes „st" wie in „Hast"
v	wie „v" in „Vase"
z	stimmhaftes „ds" wie in „Rundsaal"

Zahlen

0	*zero*
1	*uno*
2	*due*
3	*tre*
4	*quattro*
5	*cinque*
6	*sei*
7	*sette*
8	*otto*
9	*nove*
10	*dieci*
11	*undici*
12	*dodici*
13	*tredici*
14	*quattordici*
15	*quindici*
16	*sedici*
17	*diciassette*
18	*diciotto*
19	*diciannove*
20	*venti*
30	*trenta*
40	*quaranta*
50	*cinquanta*
60	*sessanta*
70	*settanta*
80	*ottanta*
90	*novanta*
100	*cento*
200	*duccento*
300	*trecento*
1000	*mille*
2000	*duemila*

Die wichtigsten Richtungsangaben

(a) sinistra	(nach) links
(a) destra	(nach) rechts
diritto	geradeaus
indietro	zurück
vicino	nah
lontano	weit
qui, qua	hier
lì, là	dort
accanto	nebenan
di fronte	gegenüber
davanti	vor, vorne
svoltare	abbiegen

+++ Die wichtigsten Wörter mit dem Bonus-Audiotrack des Kauderwelsch-

tornare	zurückgehen	*al semaforo*	an der Ampel
all'angolo	an der Ecke	*in centro*	im Zentrum
all'incrocio	an der Kreuzung	*fuori città*	außerhalb der Stadt

Die wichtigsten Fragewörter

chi?	wer?	*quando?*	wann?
che (cosa)?	was?	*perchè?*	warum?
come?	wie?	*quanto?*	wie viel?
dove?	wo(hin)?	*quanti/-e?*	wie viele?
di/da dove?	woher?	*quale?*	welche(r)?

Die wichtigsten Zeitangaben

oggi	heute	*(più) tardi*	spät(er)
domani	morgen	*di mattina*	morgens
dopodomani	übermorgen	*a mezzogiorno*	mittags
ieri	gestern	*di sera*	abends
l'altro ieri	vorgestern	*di notte*	nachts
adesso, ora	jetzt	*a mezzanotte*	um Mitternacht
subito	sofort	*lunedì*	Montag
fra poco	bald	*martedì*	Dienstag
sempre	immer	*mercoledì*	Mittwoch
mai	nie	*giovedì*	Donnerstag
prima	vorher	*venerdì*	Freitag
dopo	nachher	*sabato*	Samstag
(più) presto	früh(er)	*domenica*	Sonntag

Die wichtigsten Fragen und Bitten

Gibt es ...?	*C'è ...?*
Ich brauche ...	*Ho bisogno di ...*
Ich möchte / Ich will ...	*Vorrei ... / Voglio ...*
Geben Sie mir bitte ...	*Mi dia ..., per favore.*
Wo kann man ... kaufen?	*Dove si può comprare ...?*
Wie viel kostet ...?	*Quanto costa / viene ...?*
Wie viel kostet das?	*Quanto costa?*
Was ist das?	*Che cosa è questo?*
Wo ist / befindet sich ...?	*Dov'è ...?*
Ich möchte nach ... fahren	*Vorrei andare a ...*
Wie komme ich nach ...?	*Come faccio ad andare a ...?*
Wie viel kostet die Fahrt nach?	*Quanto costa il viaggio per ...?*
Ist das der Zug nach ...?	*È questo il treno per ...?*
Wann fährt der Bus nach ... ab?	*A che ora parte l'autobus per ...?*
Bringen Sie mich bitte zu / nach ... (im Taxi)	*Mi porti a ..., per favore.*

Die wichtigsten Floskeln und Redewendungen

ja – nein	*sì – no*
bitte (um etw. bitten)	*per favore*
Bitteschön! (anbieten)	*Prego!*
(Vielen) Dank!	*Grazie (tanto)!*
Keine Ursache!	*Di niente! / Non c'è di che!*
Guten Morgen / Tag!	*Buongiorno!*
Guten Abend!	*Buona sera!*
Herzlich willkommen!	*Benvenuto!/Benvenuta!*
Wie geht es dir / Ihnen?	*Come stai / sta?*
(Sehr) gut. – Schlecht.	*(Molto) bene. – Male.*
Auf Wiedersehen! (du/Sie)	*Arrivederci! / ArrivederLa!*
Hallo! / Tschüss!	*Ciao!*
Bis später! / Bis morgen!	*A più tardi! / A domani!*
In Ordnung!	*Va bene!, D'accordo!*
Ich weiß (es) nicht.	*Non (lo) so.*
Guten Appetit!	*Buon appetito!*
Zum Wohl!, Prost!	*Salute!, Cin cin!*
Die Rechnung, bitte!	*Il conto, per favore!*
Entschuldige/n Sie!	*Scusa! / Scusi!*
Es tut mir leid!	*Mi dispiace.*
Gestatten!, Darf ich?	*Permesso?*
(Sehr) gern!	*(Molto) volentieri!*
Sag / sagen Sie mir!	*Dimmi! / Mi dica!*
Helfen Sie mir bitte!	*Mi aiuti, per favore!*
Hilfe!	*Aiuto!*

Nichts verstanden? – Weiterlernen!

Ich spreche nicht gut Italienisch.	*Non parlo bene l'italiano.*
Ich möchte Italienisch lernen.	*Vorrei imparare l'italiano.*
Wie bitte?	*Come?*
Was haben Sie gesagt?	*Come ha detto?*
Ich habe nicht verstanden!	*Non ho capito!*
Sprechen Sie Englisch?	*Parla l'inglese?*
Wie sagt man auf Italienisch?	*Come si dice in italiano?*
... auf Deutsch	*... in tedesco*
... auf Englisch	*... in inglese*
... auf Französisch	*... in francese*
... auf Niederländisch	*... in olandese*
Wie spricht man dieses Wort aus?	*Come si pronuncia questa parola?*
Wiederholen Sie bitte!	*Ripeta, per favore!*
Können Sie bitte langsamer sprechen?	*Può parlare più lentamente, per favore?*
Können Sie mir das bitte aufschreiben?	*Me lo può scrivere, per favore?*

Im Restaurant bestellen

Können wir bitte die Speisekarte/ Getränkekarte haben?	*Possiamo avere il menù/la lista delle bevande, per favore?*
Wir möchten bitte bestellen.	*Vorremmo ordinare.*
Was können Sie uns empfehlen?	*Cosa ci consiglia?*
Was ist das Tagesgericht?	*Cos'è il piatto del giorno?*
Was sind die Spezialitäten der Gegend?	*Quali sono le specialità della regione?*
Ich nehme als Vorspeise/ersten Gang/ zweiten Gang ...	*Prendo come antipasto/primo piatto/ secondo piatto ...*
Die Rechnung, bitte.	*Il conto, per favore.*
Stimmt so, danke.	*Va bene così, grazie.*

Die wichtigsten Einkaufsfloskeln

Ich suche ...	*Cerco ...*
Haben Sie ...?	*Ha ...?*
Wo kann ich ... finden?	*Dove posso trovare ...?*
Gibt es hier einen Markt?	*C'è un mercato qui?*
Wo ist der nächste Supermarkt?	*Dov'è il supermercato più vicino?*
Könnten Sie mir bitte helfen?	*Mi potrebbe aiutare, per cortesia?*
Ich hätte gern ...	*Vorrei ...*
Geben Sie mir bitte ...	*Mi dà ..., per favore.*
Wie viel kostet das?	*Quanto costa?*
Wie viel kostet das Kilo?	*Quanto costa al chilo?*
Etwas weniger/mehr, bitte.	*Un po' di meno/più, per favore.*
Danke, das genügt.	*Basta così, grazie.*
Danke, das ist alles.	*Grazie, è tutto.*
Um wie viel Uhr öffnen/schließen Sie?	*A che ora apre/chiude?*

Die wichtigsten Begriffe im Restaurant

menù	Speisekarte	*antipasto*	Vorspeise
primo	erster Gang	*secondo*	zweiter Gang
dessert (m)	Nachspeise	*porzione (w)*	Portion
piatto del giorno	Tagesgericht	*lista delle bevande*	Getränkekarte
piatto	Teller	*tazza*	Tasse
vino	Wein	*birra*	Bier
acqua	Wasser	*pane (m)*	Brot
bottiglia	Flasche	*bicchiere (m)*	Glas
coperto	Gedeck	*posate*	Besteck
forchetta	Gabel	*coltello*	Messer
cucchiaio	Löffel	*minestra*	Suppe
carne (w)	Fleisch	*pesce (m)*	Fisch
frutta	Obst	*verdura*	Gemüse
contorno	Beilage	*insalata*	Salat

Humorvolles aus dem

Reise Know-How Verlag

Die Fremdenversteher

Deutsche Ausgabe der englischen Xenophobe's® Guides.

Amüsant und sachkundig.
Locker und heiter.
Ironisch und feinsinnig.

Mit typisch britischem Humor werden Lebensumstände, Psyche, Stärken und Schwächen der Italiener unter die Lupe genommen.

Die Fremdenversteher

Weitere Titel der Reihe: **So sind sie, die ...**

- **Amerikaner**
- **Australier**
- **Belgier**
- **Deutschen**
- **Engländer**
- **Franzosen**
- **Isländer**
- **Japaner**
- **Niederländer**
- **Österreicher**
- **Polen**
- **Schweden**
- **Schweizer**
- **Spanier**

Je 108 Seiten | € 8,90 [D]

www.reise-know-how.de

REISE
TAGEBUCH
REISE
TAGEBUCH

REISE
TAGEBUCH

REISE
TAGEBUCH

Register

A

Accessoires 88
Aeroporto di Firenze „Amerigo Vespucci/ Peretola“ 108
Akademie der Feinen Künste 39
Alberti, Leon Battista 60
Alte Sakristei 20
Altstadtzone 110
Amici della Musica 1906 94
Andrea da Pisano 61
Anreise 108
Antike 97
Apotheken 115
Apps 143
Archäologisches Museum 37
Architektur 60
Arno 96
Arzt 115
Auslandskrankenversicherung 115
Aussichtspunkt 58
Aussprache 126
Autofahren 109

B

Badia Fiorentina 31
Bahn 109
Bahnhof Santa Maria Novella 16
Bardini-Garten 57
Bargello-Museum 29
Barrierefreies Reisen 111
Bars 82
Battistero di San Giovanni 27
Bed and Breakfast 122
Bedienungsgeld 74
Behinderte 111
Belvedere-Festung 56
Biblioteca Laurenziana 20
Bildhauer 61
Bistecca fiorentina 72
Boboli-Garten 55
Boccaccio, Giovanni 65
Botanischer Garten 41
Botschaften 111
Botticelli, Sandro 33, 62
Bronzeportale 27
Brunelleschi, Filippo 19, 25, 60
Brunello di Montalcino 73
Buchhandlungen 87
Bus 123

C

Cafés 81
Calcio (in Costume) 93
Campanile (Dom) 26
Camping 122
Cappella Brancacci 51
Cappella dei Magi 22
Cappella dei Principe 21
Cappella Rucellai 19
Caravaggio-Säle 47
Casa di Dante 29
Casa Guidi 67
Casa Michelangelo Buonarroti 35
Casa Rodolfo Siviero 68
Cenacolo di Andrea del Sarto 68
Cenacolo di Fuligno 68
Cenacolo di Ognissanti 68
Cenacolo di Sant'Apollonia 68
Chianti Classico 73
Chiostro dello Scalzo 69
Chronik 97
Cimabue 61
Cimitero degli Inglesi 42
Collodi, Carlo 65
Coperto 74
Corridoio Vasariano 48
Cosimo I. de Medici 100
Crocefissione del Perugino 69
Crostini 71

D

Dante Alighieri 29, 65
„David“ (Michelangelo) 39, 43, 58
Debitkarte 112
Delikatessengeschäfte 90
Diebstahl 116

Diplomatische Vertretungen 111
Discos 83
Dommuseum 28
Dom Santa Maria del Fiore 24
Donatello 61

E

EC-Karte 112
Einkaufen 84
Einkaufsareale 84
Eintrittspreise 112
Eiscafés 82
Elektrizität 111
Englischer Friedhof 42
Enoteca 79
Essen 70
Essenszeiten 70
Estate Fiorentina 93, 112
Events 92

F

Fahrrad 118
Faschismus 104
Feinkost 90
Ferragamo, Salvatore 87
Festa del Grillo 93
Festa della Rificolona 94
Festa SS. Annunziata 92
Festival Fabricca Europa 92
Festivals 92
Firenzecard 60, 112
Firenze Rocks Festival 93
Fliegen (Anreise) 108
Florence Dance Festival 93
Florentiner 97
Flughafen Florenz 108
Flughafen Pisa International „Galileo Galilei" 108
Fondazione Scienza e Tecnica 66
Forte de Belevedere 56
Fra Angelico 40, 61
Freiluftkino 93
Fremdenverkehrsamt, italienisches 112
Fremdenverkehrsbüros 113

G

Gabinetto Disegni e Stampe 62
Galerie der Modernen Kunst 54
Galerien 62
Galileo-Museum 48
Galleria d'Arte Moderna 54
Galleria degli Uffizi 45
Galleria del Costume 54
Galleria dell'Accademia 39
Galleria Palatina 52
Gallo nero 73
Gastronomie 74
Gelaterie 82
Geld 112
Geschichte 97
Getränke 70
Ghibellinen 100
Ghiberti 61
Ghirlandaio, Domenico 62
Giardino Bardini 57
Giardino di Archimede 66
Giardino di Boboli 55
Giardino Torrigiani 50
Giotto di Bondone 34, 60
Giovanni da Fiesole 40
Girocard 112
Glockenturm 26
Göttliche Komödie 65
Grabmal von Galileo Galilei 34
Guarnaccia, Maresciallo 106
Gucci Garden Galleria 65

H

Habsburg 103
Handy 119
Hauptbahnhof 16
„Heilige Familie" (Michelangelo) 46
Horne-Museum 32
Hostels 122
Hotels 120

I

Informationsquellen 112
Infostellen 113

Instrumentensammlung 39
Internazionale Musica dei Popoli 94
Internettipps 113
Italienisch 126

J

Jazzklubs 83
Jüdisches Museum 36
„Judith und Holofernes“ (Donatello) 43
Jugendherbergen 122

K

Kartensperrung 116
Kartenverlust 116
Kastanienturm 29
Kaufhäuser 86
Kinder 115
Klima 124
Klosterapotheke 18
Klubs 82
Kombiticket 26
Königliche Gemächer 54
Königreich Italien 104
Konsulate 111
Konzerte 83
Krankenhaus 115
Kreditkarte 112
Krimi 106
Küche, Florentiner 70
Kulturzentrum Le Murate 67
Kunstmuseen 62
Kunstszene 60
Kuppel (Dom) 25

L

Lebensmittel 23
Le Murate 67
Lesben 114
LGBT+ 114
Literaturtipps 113
Loggia dei Lanzi 43
Lokale 74
Lokaltypen 70
Lounges 82

M

Macchiavelli, Niccolo 34
Maestro-Karte 112
Maggio Musicale Fiorentino 92
Majano, Benedetto da 60
Marathon 94
Marini, Marino 19
Märkte 85
Markthalle 23, 36
Markttage 86
Masaccio 62
Medici 46, 100
Medici-Kapellen 21
Medizinische Versorgung 115
Menüfolge 71
Mercato Centrale 23
Mercato di Sant'Ambrogio 36
Mercato San Lorenzo 19
Michelangelo
Buonarroti 21, 28, 34, 39, 61
Michelozzi, Bartolomeo 60
Mietwagen 110
Minias, heiliger 58
Mittelalter 98
Modegeschäfte 88
Mode-Outlets 89
Museen 62
Museo Alinari della Fotografia 66
Museo Archeologico Nazionale 37
Museo Bardini 56
Museo degli Innocenti 63, 116
Museo del Bigallo 64
Museo delle Cappelle Medicee 21
Museo delle Porcellane 55
Museo dell'Opera del Duomo 28
Museo dell'Opificio delle Pietre Dure 65
Museo di Casa Martelli 68
Museo Diocesano 64
Museo di Palazzo Davanzati 68
Museo di Preistoria 65
Museo di Santa Maria Novella 18
Museo Ebraico 36
Museo Galileo 48
Museo Horne 32
Museo Marino Marini 19
Museo Nazionale del Bargello 29

Museo Novecento 18
Museo Salvatore Ferragamo 66

N

Nabb, Magdalen 106
Nachtleben 82
Napoleon Bonaparte 103
Neptunbrunnen 43
Neue Sakristei 21
Notfälle 116
Notrufnummern 116

O

Öffnungszeiten 117
Oltrarno 51, 96
Orsanmichele 31
Orto Botanico 41
Ostern 92
Outlets 89

P

Palazzo Medici-Riccardi 22
Palazzo Pitti 52
Palazzo Strozzi 65
Palazzo Vecchio 42
Panzanella 71
Pappa al Pomodoro 71
Paque 92
Paradiespforte 27
Parco delle Cascine 91
Parken 110
Parks 91
Piazza della Signoria 42
Piazzale Michelangelo 58
Piazza Santa Croce 34
Piazza Santissima Annunziata 38
Piazza Santo Spirito 51
Piero „il Gottoso" de Medici 101
Pizzerias 79
Polizei 116
Ponte Santa Trinita 49
Ponte Vecchio 48
Porta del Paradiso 27
Porta San Frediano 51
Porto 117
Porzellansammlung 55
Post 117
Preisniveau 112
„primo popolo" 99
Priori 100

Q, R

Quartieri Monumentali 44
Radfahren 118
Rat der Hundert 99
Rauchen 84
Reichsabtei 31
Reisezeit 124
Renaissance 62
Restaurants 74
Ribollita 71
Risorgimento 104
Rundgänge 13

S

Saal der 500 44
Saison 124
Salone dei Cinquecento 44
San Lorenzo 19
San Marco 40
San Miniato al Monte 58
Santa Croce 33
Santa Maria del Carmine 51
Santa Maria del Fiore 24
Santa Maria Novella 16
Santa Trinita 49
Santissima Annunziata 38
Santo Spirito 51
Savonarola, Girolamo 101
Schatzkammer der Medici 54
Schiacciata 72
Schmuckgeschäfte 89
Schwule 114, 118
Scuola del Cuoio 35
Sezione di Antropologia e Etnologia 67
Sezione di Zoologica 67
Shoppen 84
Shows 83
Shuttlebus 108

Sicherheit 118
Speisen 70
Sperrnummer 116
Spielplätze 116
Sprache 118
Sprachhilfe 126
Stadtspaziergänge 13
Stadtstaat 99
Stadttouren, organisierte 118
Stadtzünfte 32
Straßenbahn 124
Strukturwandel 105
Studenten 97
Studiolo di Francesco I. 44
Supermarkt 86
Synagoge 36

T

Tagessatz 112
Taufkirche San Giovanni 27
Taxi 124
Telefonieren 119
Termine 92
Tesoro dei Granduchi 54
Theater 83
Ticketreservierung 63
Torre della Castagna 29
Tourismus 105
Touristeninformationen 113
Tram 124
Tribunale di Mercatanzia 43
Trinkgeld 74
Trippa alla Fiorentina 72

U

Uffizien 45
Uhrzeit 119
Umgangsformen 123
Unterkunft 119

V

Varieté 83
Vasari-Korridor 48
Vegetarisches 78
Veranstaltungen 92
Verhaltenstipps 123
Verkehrsmittel 123
Vinci, Leonardo da 61
Vino Nobile di Montepulciano 74
Vorwahlen 5, 119

W

Wein 72
Weinlokale 79
Weltkulturerbe (UNESCO) 105
Wetter 124

Z

Zahlen 126
Zeitangaben 127
Zeitungen, deutschsprachige 113
Zona a Traffico limitato 110
Zug 109
Zweiter Weltkrieg 104

Die Autoren

Daniela Schetar, Ethnologin, und **Friedrich Köthe**, Soziologe, leben als freischaffende Reisejournalisten in München. Sie sind Autoren zahlreicher Reisebücher über die Maghreb-Länder und die Staaten des südlichen Afrika. Bei Reise Know-How haben sie darüber hinaus u. a. die Reiseführer „CityTrip Dubrovnik", „CityTrip Ljubljana", „CityTrip München", „CityTrip Pisa, Lucca, Livorno", „CityTrip Verona", „Friaul und Venetien", „InselTrip Liparische Inseln", „Madeira", „Slowenien", „Sizilien" und „Toskana" veröffentlicht.

Updates nach Redaktionsschluss

Unter **www.reise-know-how.de** werden aktuelle Ergänzungen und Änderungen der Autoren und Leser zum vorliegenden Buch bereitgestellt. Sie sind zugleich in der **Web-App** zum Buch abrufbar.

Schreiben Sie uns

Dieses Buch ist gespickt mit Adressen, Preisen, Tipps und Daten. Unsere Autoren recherchieren unentwegt und erstellen alle zwei Jahre eine komplette Aktualisierung, aber auf die Mithilfe von Reisenden können sie nicht verzichten. Darum: Teilen Sie uns bitte mit, was sich geändert hat oder was Sie neu entdeckt haben. Gut verwertbare Informationen belohnt der Verlag mit einem Sprachführer Ihrer Wahl aus der Reihe „Kauderwelsch".

Kommentare übermitteln Sie am einfachsten, indem Sie die Web-App zum Buch aufrufen (siehe Umschlag hinten) und die Kommentarfunktion bei den einzelnen auf der Karte angezeigten Örtlichkeiten oder den Link zu generellen Kommentaren nutzen. Wenn sich Ihre Informationen auf eine konkrete Stelle im Buch beziehen, würde die Seitenangabe uns die Arbeit sehr erleichtern. Unsere Kontaktdaten entnehmen Sie bitte dem Impressum.

Impressum

Daniela Schetar, Friedrich Köthe

CityTrip Florenz

5., neu bearbeitete und aktualisierte Auflage 2019

ISBN 978-3-8317-3201-2

Druck und Bindung:
Media-Print, Paderborn

Herausgeber: Klaus Werner
Layout: amundo media GmbH (Umschlag, Inhalt), Peter Rump (Umschlag)
Lektorat: amundo media GmbH
Karten: Ingenieurbüro B. Spachmüller, amundo media GmbH
Anzeigenvertrieb: KV Kommunalverlag GmbH & Co. KG, Alte Landstraße 23, 85521 Ottobrunn, Tel. 089 928096-0, info@kommunal-verlag.de
Kontakt: Osnabrücker Str. 79, 33649 Bielefeld, info@reise-know-how.de

Bildnachweis

Umschlagvorderseite: Friedrich Köthe | Umschlagklappe rechts: die Autoren
Soweit ihre Namen nicht vollständig am Bild vermerkt sind, stehen die Kürzel an den Abbildungen für die folgenden Fotografen, Firmen und Einrichtungen. Die Autoren: sk | fotolia.com by Adobe: fo | pixelio.de: pxl

Liste der Karteneinträge

1 [L7] Bahnhof Santa Maria Novella (SMN) S. 16
2 [L7] Santa Maria Novella S. 16
3 [L8] Museo Novecento S. 18
4 [M8] Museo Marino Marini S. 19
5 [N7] San Lorenzo S. 19
6 [M7] Medici-Kapellen (Museo delle Cappelle Medicee) S. 21
7 [N7] Palazzo Medici-Riccardi mit Cappella dei Magi S. 22
8 [M7] Mercato Centrale S. 23
9 [N8] Dom Santa Maria del Fiore S. 24
10 [N8] Taufkirche San Giovanni (Battistero di San Giovanni) S. 27
11 [N8] Dommuseum (Museo dell'Opera del Duomo) S. 28
12 [N8] Casa di Dante S. 29
13 [N8] Kastanienturm (Torre della Castagna) S. 29
14 [N8] Museo Nazionale del Bargello S. 29
15 [N8] Badia Fiorentina S. 31
16 [N8] Orsanmichele S. 31
17 [O9] Museo Horne S. 32
18 [O9] Santa Croce S. 33
19 [P8] Casa Michelangelo Buonarroti S. 35
20 [P8] Mercato di Sant'Ambrogio S. 36
21 [P8] Synagoge und Jüdisches Museum (Sinagoga e Museo Ebraico) S. 36
22 [O7] Archäologisches Museum (Museo Archeologico Nazionale) S. 37
23 [O7] Piazza und Kirche Santissima Annunziata S. 38
24 [O7] Galleria dell'Accademia S. 39
25 [O6] San Marco S. 40
26 [O6] Botanischer Garten (Orto Botanico) S. 41
27 [Q7] Englischer Friedhof (Cimitero degli Inglesi) S. 42
28 [N9] Piazza della Signoria mit Palazzo Vecchio S. 42
29 [N9] Uffizien (Galleria degli Uffizi) S. 45
30 [N9] Galileo-Museum (Museo Galileo) S. 48
31 [M9] Ponte Vecchio S. 48
32 [M8] Santa Trinita S. 49
33 [M9] Ponte Santa Trinita S. 49
34 [K10] Giardino Torrigiani S. 50
35 [K9] Santa Maria del Carmine mit Cappella Brancacci S. 51
36 [L9] Santo Spirito S. 51
37 [M10] Palazzo Pitti mit Boboli-Garten S. 52
38 [N10] Belvedere-Festung (Forte de Belvedere) S. 56
39 [N10] Museo Bardini S. 56
40 [N10] Bardini-Garten (Giardino Bardini) S. 57
41 [P10] Piazzale Michelangelo S. 58
42 [P11] San Miniato al Monte S. 58

1 [L8] Officina Profumo-Farmaceutica di Santa Maria Novella S. 18
•2 [N9] Corridoio Vasariano S. 48
M3 [N9] Gabinetto Disegni e Stampe S. 62
M4 [O7] Museo degli Innocenti S. 63
M5 [N8] Museo del Bigallo S. 64
M6 [N9] Museo Diocesano S. 64
G7 [M8] Palazzo Strozzi S. 65
M8 [O8] Museo di Preistoria S. 65
M9 [N9] Gucci Garden Galleria S. 65
M10 [O7] Museo dell'Opificio delle Pietre Dure S. 65
M11 [M8] Museo Salvatore Ferragamo S. 66
M12 [P7] Fondazione Scienza e Tecnica S. 66
M14 [L8] Museo Alinari della Fotografia S. 66
M15 [N8] Sezione di Antropologia e Etnologia S. 67
M16 [L10] Sezione di Zoologica S. 67

17 [L10] Casa Guidi S. 67
18 [Q9] Kulturzentrum Le Murate S. 67
19 [P10] Casa Rodolfo Siviero S. 68
20 [M7] Museo di Casa Martelli S. 68
21 [N8] Museo di Palazzo Davanzati S. 68
22 [T8] Cenacolo di Andrea del Sarto S. 68
23 [M7] Cenacolo di Fuligno S. 68
24 [L8] Cenacolo di Ognissanti S. 68
25 [N6] Cenacolo di Sant'Apollonia S. 68
26 [O6] Chiostro dello Scalzo S. 69
27 [P7] Crocefissione del Perugino S. 69
28 [L9] Angiolino S. 74
29 [N9] Brac S. 74
30 [P8] Cibrèo S. 74
31 [N7] Da Pepo S. 75
32 [P8] Da Rocco S. 75
33 [M9] Golden View S. 75
34 [N7] Gozzi Sergio S. 75
35 [L9] Gustapanino S. 75
36 [K9] I' Brindellone S. 75
37 [L8] Il Latini S. 75
38 [N6] Il Vegetariano S. 76
39 [N6] Kitsch DEVX S. 76
40 [M7] La Burrasca S. 76
41 [O7] La Mescita S. 77
42 [M7] La Padellaccia S. 77
43 [Q8] La Raccolta S. 77
44 [N6] Le Fate e le Stelle S. 77
45 [P8] l'Ortone S. 77
46 [L9] L'OV Osteria Vegetariana S. 77
47 [M7] Nerbone S. 77
48 [M7] Palle d'Oro S. 77
49 [M9] Quattro Leoni S. 78
50 [P8] Ruth's S. 78
51 [K8] Sabatino S. 78
52 [P8] Tavola Calda La Ghiotta S. 78
53 [P8] Teatro del Sale S. 79
54 [M7] Vecchio Mercato S. 79
55 [O10] Il Bastioni di San Niccolò S. 79
56 [M8] La Bussola S. 79
57 [Q9] Le Carceri S. 79
58 [N8] Pizzeria del Duomo S. 79
59 [N4] Spera i Spera S. 79
60 [O10] Bevo Vino S. 79
61 [O9] Boccadama S. 79
62 [N8] Borgovino S. 80
63 [M8] Cantinetta Antinori S. 80
64 [M7] Casa del Vino S. 80
65 [M7] Fratelli Zanobini S. 80
66 [N7] Focacceria Pugi S. 80
67 [N9] All'Antico Vinaio S. 80
68 [M7] La Norcineria S. 80
69 [N8] I Fratellini S. 81
70 [M9] Le Volpi e l'Uva S. 81
71 [N8] Bar Alighieri S. 81
72 [M9] Caffè degli Artigiani S. 81
73 [M7] Caffè Le Rose S. 81
74 [P9] Le Murate – Caffè Letterario S. 81
75 [O9] Moyo S. 81
76 [O9] Oibo S. 81
77 [N9] Rivoire S. 82
78 [M8] San Pancrazio S. 82
79 [P8] Sant'Ambrogio S. 82
80 [N8] Festival del Gelato S. 82
81 [N8] Grom Gelateria S. 82
82 [O8] Il Gelato Vivoli S. 82
84 [J2] Café de Paris S. 82
85 [K9] Dolce Vita S. 82
86 [P10] Flò S. 82
87 [N10] Il Bar del Forte S. 83
88 [M8] Il Manifattura S. 83
89 [M9] La Terrazza Bar S. 83
90 [O8] Jazz Club S. 83
91 [T11] Pinocchio Jazz S. 83
92 [L8] Space Club S. 83
93 [A2] Tenax S. 83
94 [M8] Yab Yum S. 83
95 [L2] Auditorium Flog S. 83
96 [W9] Obi Hall S. 84
97 [J7] Teatro del Maggio Musicale S. 84
98 [O8] Teatro della Pergola S. 84
99 [O8] Teatro Verdi S. 84
100 [N8] Loggia del Mercato Nuovo S. 85
101 [P8] Mercato delle Pulci S. 85
102 [O7] Conad S. 86
103 [N8] Coin S. 86

104 [N8] La Rinascente S. 86
105 [N7] Antiquariat Gozzini S. 87
106 [L9] La Cité Libreriacafé S. 87
107 [M8] LaFeltrinelli S. 88
108 [P9] Abacus S. 88
109 [N8] Lilium S. 88
110 [N8] Taddei S. 88
111 [M8] Borsalino S. 88
112 [N8] Desii S. 88
113 [M8] Ermanno Scervino S. 88
114 [P8] Lisa Corti S. 89
115 [M9] Martelli S. 89
116 [M8] Michele Negri S. 89
117 [N8] Pusateri S. 89
118 [L9] Roberto Ugolini Calzature S. 89
119 [Q8] Société Anonyme S. 89
120 [L9] Angela Caputi-Giuggiu S. 89
124 [S9] Coltelleria Donnini S. 90
125 [O6] Coltellerie Berti S. 90

Über dem Arkadengang verläuft der Corridoio Vasariano (s. S. 48)

126 [M8] Letizia Fiorini S. 90
127 [O6] Paolo Vettori & Sons S. 90
128 [M8] Bottega dell'Olio S. 90
129 [O6] Bussoti S. 90
130 [M9] Olio & Convivium S. 90
131 [M7] Perini S. 90
132 [O8] Vestri Cioccolato S. 90
133 [B1] Aeroporto di Firenze S. 108
134 [L5] Fortezza Fiera S. 110
135 [K11] Oltrarno S. 110
136 [O5] Parterre S. 110
137 [Q8] Sant'Ambrogio S. 110
138 [L7] Stazione SMN S. 110
139 [N7] Tourismusinformation Via Cavour 1/R S. 113
140 [N8] Tourismusinformation Bigallo S. 113
141 [L7] Informationsbüro Piazza Stazione 4/a S. 113
142 [O8] Biblioteca Comunale Centrale S. 113
143 [O8] Cantina Barbagianni S. 114
144 [O8] FAIRY Gold S. 114
145 [M6] Florence Baths S. 114
146 [O8] Mastro Ciliegia S. 114

147 [O9] Piccolo Café S. 114
148 [P9] Queer S. 114
149 [S9] Bears & Breakfast S. 114
150 [N6] Mr. My Resort S. 114
151 [N8] Studio Medico Associato S. 115
152 [N8] All'Insegna del Moro S. 115
153 [L7] Farmacia Comunale S. 115
154 [N8] Molteni S. 115
155 [O9] Biblioteca dei Ragazzi S. 115
156 [P8] Commissariato di Polizia S. Giovanni S. 116
157 [H5] Fundbüro S. 116
158 [M8] Hauptpost S. 117
159 [N6] Alinari S. 118
160 [N6] Florence by Bike S. 118
161 [N8] Albergo Firenze S. 120
162 [K11] Convitto della Calza S. 120
163 [O8] Hotel Bavaria S. 120
164 [N8] Hotel Brunelleschi S. 120
165 [N7] Hotel Collodi S. 120
166 [N8] Hotel de Lanzi S. 121
167 [N6] Hotel Genesio S. 121
168 [N6] Hotel Orto dei Medici S. 121
169 [L9] Hotel Palazzo Guadagni S. 121
170 [N7] Hotel San Lorenzo S. 121
171 [N8] Pensione Canada S. 121
172 [K8] Relais Il Cestello S. 121
173 [L8] Tourist House S. 121
174 [N6] Le Rondini S. 122
175 [O9] MartinDago S. 122
176 [M9] Old Bridge S. 122
177 [N8] Relais del Duomo S. 122
178 [N6] Hostel Plus Florence S. 122
179 [O5] Ostello Gallo d'Oro S. 122
180 [V4] Ostello della Gioventu Villa Camerata S. 122
181 [L9] Ostello Santa Monaca S. 122

Hier nicht aufgeführte Nummern liegen außerhalb der abgebildeten Karten. Ihre Lage kann aber wie die von allen Ortsmarken im Buch mithilfe der Web-App angezeigt werden (s. rechts).

Zeichenerklärung

- 1 Hauptsehenswürdigkeit, fortlaufend nummeriert
- [L6] Verweis auf Planquadrat

- Bahnhof
- Bar, Klub
- Bibliothek
- Café, Eiscafé
- Denkmal
- Friedhof
- Galerie
- Geschäft, Kaufhaus, Markt
- Hotel, Unterkunft
- Imbiss, Pizzeria
- Information
- Jugendherberge, Hostel
- Kirche
- Krankenhaus, Arzt
- Museum
- Musikszene, Disco
- Parkplatz
- Pension, Bed and Breakfast
- Polizei
- Post
- Restaurant
- Sonstiges
- Sporteinrichtung
- Synagoge
- Theater
- Vegetarisches Restaurant
- Weinbar

- Straßenbahnlinie
- Shoppingareal
- Stadtspaziergänge

Bewertung der Sehenswürdigkeiten

- ★★★ auf keinen Fall verpassen
- ★★ besonders sehenswert
- ★ Sehenswürdigkeit für speziell interessierte Besucher

Florenz mit PC, Smartphone & Co.

QR-Code auf dem Umschlag scannen oder **www.reise-know-how.de/citytrip/florenz19** eingeben und die **kostenlose Web-App** aufrufen (Internetverbindung zur Nutzung nötig)!

★**Anzeige der Lage und Satellitenansicht aller** beschriebenen Sehenswürdigkeiten und touristisch wichtigen Orte
★**Routenführung** vom aktuellen Standort zum gewünschten Ziel
★**Exakter Verlauf** der empfohlenen Stadtspaziergänge
★**Audiotrainer** der wichtigsten Wörter und Redewendungen
★**Updates** nach Redaktionsschluss

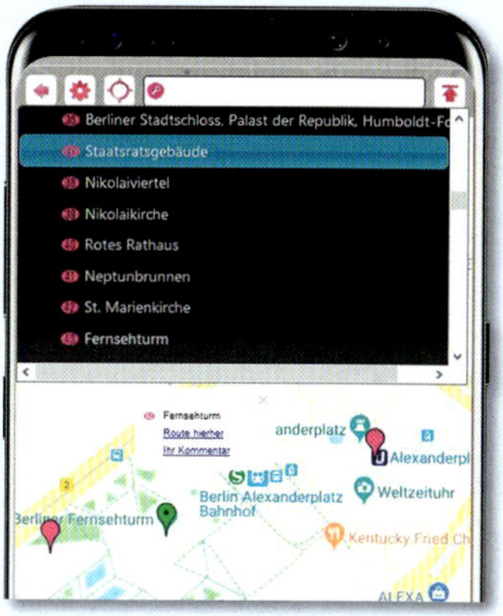

GPS-Daten zum Download

Die GPS-Daten aller Ortsmarken und Spaziergänge können hier geladen werden: www.reise-know-how.de, dann das Buch aufrufen und zur Rubrik „Datenservice" scrollen.

Stadtplan für mobile Geräte

Um den Stadtplan auf Smartphones und Tablets nutzen zu können, empfehlen wir die App „Avenza Maps" der Firma Avenza™. Der Stadtplan wird aus dieser App heraus geladen und kann dann mit vielen Zusatzfunktionen genutzt werden.

Unsere App-Empfehlungen zu Florenz

› **Uffizi Touch:** Der mobile Museumsguide enthält ca. 1100 Kunstwerke der Uffizien mit Erläuterungen und Suchfunktion nach Epoche, Künstler und Ausstellungsraum (Achtung: 446 MB Dateigröße, für iOS: 9,99 €, www.uffizitouch.it/app).
› **Florence Survival Guide:** Die „Überlebens-App" informiert über öffentliche Toiletten, Trinkwasserstellen, Apotheken und freies WLAN in Florenz (gratis für iOS und Android, http://app.comune.fi.it/app/a0018.html).
› **ataf:** Die offizielle App des florentinischen Nahverkehrssystem liefert auf Italienisch zahlreiche Infos zu den öffentlichen Verkehrsmitteln (kostenlos für iOS und Android).
› **Firenzecard:** Die App bietet Informationen zu den Museen, die man mit der Firenzecard besichtigen kann, sowie Kartenmaterial (auch offline) und weitere Infos zu den Angeboten der Firenzecard (kostenlos für iOS und Android).

Die Web-App und der Zugriff auf diese über QR-Codes sind eine freiwillige, kostenlose Zusatzleistung des Verlages. Der Verlag behält sich vor, die Bereitstellung des Angebotes und die Möglichkeit der Nutzung zeitlich und inhaltlich zu beschränken. Der Verlag übernimmt keine Garantie für das Funktionieren der Seiten und keine Haftung für Schäden, die aus dem Gebrauch der Seiten resultieren. Es besteht ferner kein Anspruch auf eine unbefristete Bereitstellung der Seiten.

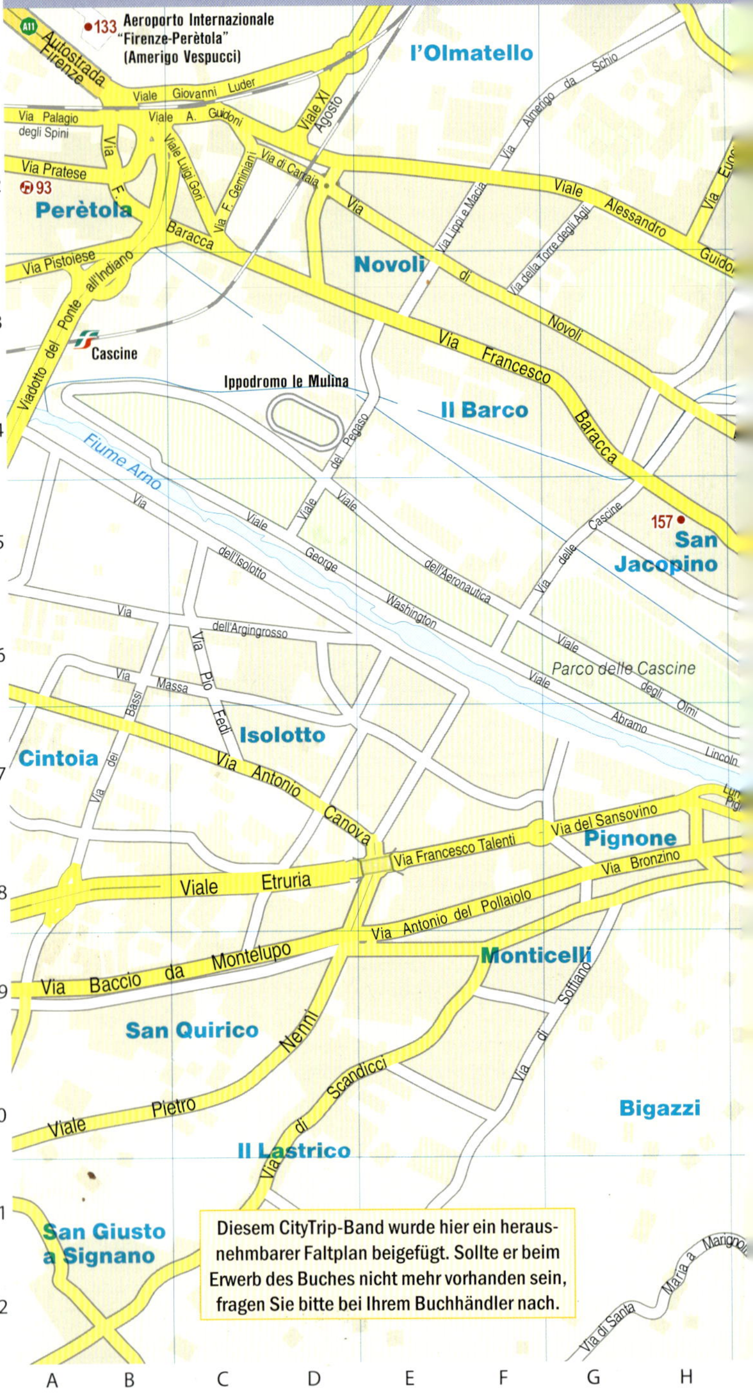

Diesem CityTrip-Band wurde hier ein herausnehmbarer Faltplan beigefügt. Sollte er beim Erwerb des Buches nicht mehr vorhanden sein, fragen Sie bitte bei Ihrem Buchhändler nach.